StyleCityTravel

BARCELONA

StyleCityTravel

BARCELONA

Mit über 380 Farbbildern und 8 Karten

Inhalt

Aus dem Englischen übersetzt von Trudie Trox
Redaktion: via-Redaktion, München
Korrektur: Dr. Michael Schenkel
Umschlaggestaltung: Caroline Daphne Georgiadis,
Daphne Design
Satz: Carmen Marchwinski, München

2. erweiterte und vollständig aktualisierte Neuauflage 2007

www.christian-verlag.de

Die Originalausgabe mit dem Titel *StyleCity Barcelona*
erschien erstmals in Großbritannien bei Thames & Hudson Ltd, London

Serienkonzept und Redaktion: Lucas Dietrich
Text: Phyllis Richardson und Cristina Redondo
Fotos: Ingrid Rasmussen, Anthony Webb, Lucas Fernández und
Natalia Cedrés
Gestaltungs- und Kartenkonzept: The Senate
Design: Grade Design Consultants
Karten: Peter Bull

Druck und Bindung: C & C Offset Printing Co Ltd
Printed in China

ISBN-13 978-3-88472-603-7

HINWEIS
Alle Informationen und Hinweise, die in diesem Buch enthalten sind, wurden von den Autoren nach bestem Wissen erarbeitet und von ihnen und dem Verlag mit größtmöglicher Sorgfalt überprüft. Unter Berücksichtigung des Produkthaftungsrechts müssen wir allerdings darauf hinweisen, dass inhaltliche Fehler oder Auslassungen nicht völlig auszuschließen sind. Für etwaige fehlerhafte Angaben können Autoren, Verlag und Verlagsmitarbeiter keinerlei Verpflichtung und Haftung übernehmen.

Korrekturhinweise sind jederzeit willkommen und werden gern berücksichtigt.

Über dieses Buch

Dieser Travel-Guide stellt Ihnen Barcelona – Kataloniens Hauptstadt und Spaniens Metropole des Designs – in zwei großen Kapiteln vor: **Straßenweise** und **Barcelonas Style-Adressen.**

Straßenweise orientiert sich an den Stadtvierteln und beschreibt Gebiete, die man im Laufe eines Tages (oder einer langen mediterranen Nacht) zu Fuß erkunden kann. Dabei präsentiert es eine vielseitige Auswahl an Cafés, Läden, Restaurants, Museen, Veranstaltungsorten und Bars, die entweder noch wenig bekannt oder für die Umgebung charakteristisch sind. Vor jeder Empfehlung steht eine Zahl, die sich auf die Karte am Anfang des Kapitels bezieht. Diese hilft Ihnen bei der Orientierung.

Barcelonas Style-Adressen stellt die besten und charakteristischsten Hotels **(Schlafen),** Restaurants **(Essen),** Cafés, Bars und Clubs **(Trinken),** Boutiquen und Geschäfte **(Shopping)** und Ausflugsziele **(Raus aus der Stadt)** vor. Den Empfehlungen sind jeweils zwei Nummern vorangestellt: Die obere verrät die Buchseite der Umgebungskarte, auf der die Adresse zu finden ist, die untere die Nummer, mit der sie auf der Karte bezeichnet ist.

Man könnte einen Städtetrip zum Beispiel damit beginnen, aus **Barcelonas Style-Adressen** ein Hotel auszuwählen. Nach der Ankunft hilft das entsprechende Kapitel in **Straßenweise** dabei, ein Plätzchen für einen Kaffee zu finden, und lenkt zugleich Ihre Aufmerksamkeit auf ein spannendes Museum in der Nähe. Nach dem Lunch möchten Sie sich vielleicht in der ausgefallenen Boutique eines Modedesigners aus dem Abschnitt **Shopping** umsehen. Oder suchen Sie nach der Top-Adresse für ein denkwürdiges Dinner-Erlebnis? Ziehen Sie wieder das Kapitel in **Straßenweise** zurate und lassen Sie sich per Querverweis auf den Abschnitt **Essen** unter **Barcelonas Style-Adressen** in ein außergewöhnliches Restaurant führen.

Zu jedem Eintrag ist die Adresse angegeben. Alle Einträge in alphabetischer Folge, komplett mit Adresse, Telefon- und Faxnummer, E-Mail- und Internetadressse, finden Sie im Adressenverzeichnis am Ende des Buches.

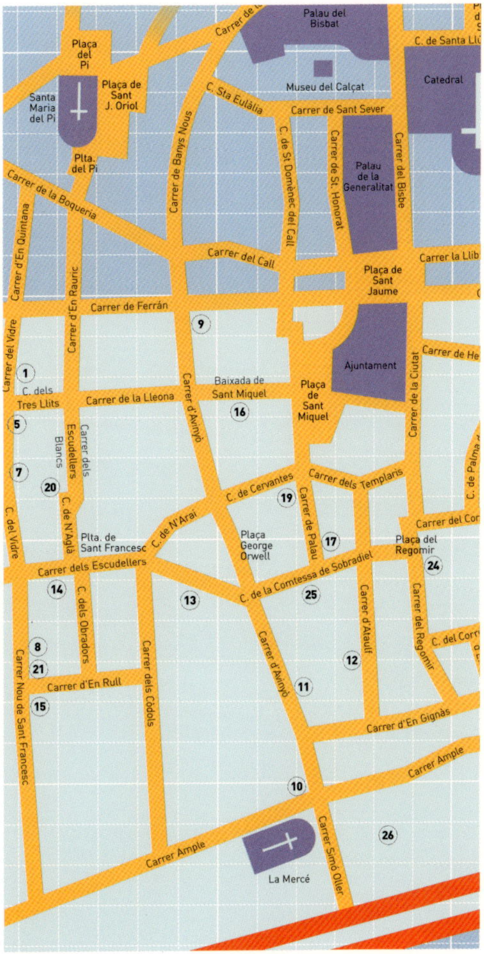

Legende

- (2) Empfehlung
- Museum, Sehenswürdigkeit
- Platz, Park
- U-Bahn-Station
- Straßen

BARCELONA STELLT SICH VOR

Wohl die schönste Hafenstadt des Mittelmeers, überwältigt Barcelona durch sein einzigartiges Erbe einer mehr als 2000 Jahre alten Kultur, verbunden mit grandiosen künstlerischen Leistungen und einem beachtenswerten sozialpolitischen Engagement. Ist Barcelona auch »nur« die Hauptstadt der autonomen spanischen Region Katalonien, so konzentriert es doch die Qualitäten einer internationalen Metropole wie ein facettenreicher Brillant: Es ist groß und dennoch übersichtlich, es liegt direkt am Meer und besitzt spannende historische Viertel – charmant in ihrer Altertümlichkeit und zugleich funkelnd mit ultramodernen Akzenten. Die Stadt lebt auch vom Tourismus. Dennoch ist sie zu sehr Schmelztiegel und zu extrem für ein überkommerzialisiertes Disneyland. Die wieder erwachte Popularität verdankt sie nicht zuletzt den hochkarätigen Projekten zu den Olympischen Spielen 1992: Das Stadion wie auch Santiago Calatravas Telekommunikationsturm, die sich in ihrer Extravaganz stärker abheben denn einfügen in das Montjuïc-Gelände, sind nur zwei Beispiele. Und: In den 1980ern drehte sich Barcelona radikal, wandte sich wieder dem Meer zu, säuberte die Strände, baute ufernah ein olympisches Dorf (nach Plänen von Bohigas, Martorell und Mackay) und rehabilitierte den alten Hafen, Port Vell, mit einem futuristischen Aquarium, einem IMAX-Kino, Fußgängerbrücken und einladenden Restaurants entlang einer attraktiven Promenade. Die kleine und die große Kunst zogen nach.

Trotz der revolutionären Entwicklungen am Wasser bleibt der Besuchermagnet die Ciutat Vella, die Altstadt: das Gassengewirr des Barri Gòtic rund um die Kathedrale, die Viertel Ribera, Sant Pere, Barceloneta und Raval, die alle ihre ureigene Stimmung vermitteln. Das Mittelalter der steinernen Paläste und der massiven eisenbeschlagenen Portale in engsten Gassen prägt das Barri Gòtic. Auch über Ribera liegt der Zauber der Gotik, durchaus nobel im Carrer de Montcada, der ersten von Adelsfamilien und reichen Händlern geplanten Straße. Das durch seine Hafennähe einst heruntergekommene Quartier erlebt heute eine Funken sprühende Renaissance als angesagtes Zentrum einer frechen und hippen Nightlife-Szene am Passeig del Born. El Raval, jahrhundertelang außerhalb der eigentlichen Stadt gelegen, entwickelte sich auf klösterlichem Areal – und kam in Verruf als das Viertel der Unterschicht, der Außenseiter und Kriminellen. Seit der Eröffnung von Richard Meiers Museum für zeitgenössische Kunst 1995 erfrischt der Windhauch der jungen Kreativen die muffig-düsteren Gassen – langsam, aber spürbar.

Großräumige Stadtplanung kannte Barcelona lange vor Olympia. Bereits im 19. Jh. konzipierte der Ingenieur Ildefons Cerdà um die Altstadt ein ausgedehntes Wohn- und Gewerbegebiet. Damit gewannen nicht nur die Stadt und ihre Menschen Raum, sondern der Passeig de Gràcia setzte ein majestätisches Statut des Bürgertums. Im Eixample erhielt der Modernisme die Bühne, die ihn zur Blüte führte – als Kataloniens großartiger Beitrag zum Jugendstil. Hier baute Antoni Gaudí seine bedeutendsten Werke, unter denen die Kirche Sagrada Familia als unvollendetes Symbol seines Genies die Stätten seines Wirkens überragt. Gaudí war nur ein Exponent des Modernisme. Auch Lluis Domènech i Montaner und Josep Puig i Cadafalch schufen Meisterwerke. In den letzten Jahrzehnten waren Josep Sert, Oscar Tusquets und Ricardo Bofill die prominenten Figuren an der internationalen Front der avantgardistischen Architektur.

Im Nordwesten konnten sich die ehemaligen Dörfer Gràcia, Bonanova und Horta sowie die Zona Alta, einst die ländliche Peripherie, eine relaxte Atmosphäre der Kreativität bewahren. Zugleich steckt Gràcia voller Geschichte: des Arbeiterkampfs und der Opposition während des Bürgerkriegs. Als Konsequenz des katalanischen Widerstands war die Regionalsprache unter Franco rigoros verboten. Erst nach seinem Tod 1975 wurde das Katalanische wieder eingeführt.

Überall verdeutlicht Barcelona, dass Ästhetik und Design (disseny) wesentliche Elemente in der Stadt darstellen und während der letzten Jahrzehnte massiv gefördert wurden. Sogar das Royal Institute of British Architects, das mit seinem Gold Award jeweils das Werk eines Architekten auszeichnet, erachtete die ganze Stadt als preiswürdig. Zeitgenössische Designer für Möbel (Jaume Tresserra), Gebrauchswaren (Xavier Mariscal) und Mode (Antonio Miró) erlangten internationale Anerkennung – aber dieses Trio ist nur die Spitze des Eisbergs in einem Meer der Kreativität, wo ständig junge Künstler ihre Werke in kleinen Galerien oder Showroom-Ateliers präsentieren. Die Designer der Street- und Clubwear haben bereits eine globale Fangemeinde. Neue, fantastisch gestaltete Bars erfüllen die Ansprüche eines designbewussten jungen Publikums, während Kataloniens Küchenchefs längst die Bastionen der gastronomischen Giganten Frankreich und Italien gestürmt und ihren Lokalen einen Platz auf der Weltkarte der Gourmet-Destinationen gesichert haben. Dieses energiegeladene kreative Zentrum, zu dessen bestbekannten Kulturexporten die Maler Picasso, Miró und Tàpies zählen und das über Jahrhunderte den Geist der Unabhängigkeit verkörperte, verströmt Optimismus, Modernität und Innovation von den verstecktesten Winkeln des Barri Gòtic bis hinauf in die Hügel des Tibidabo.

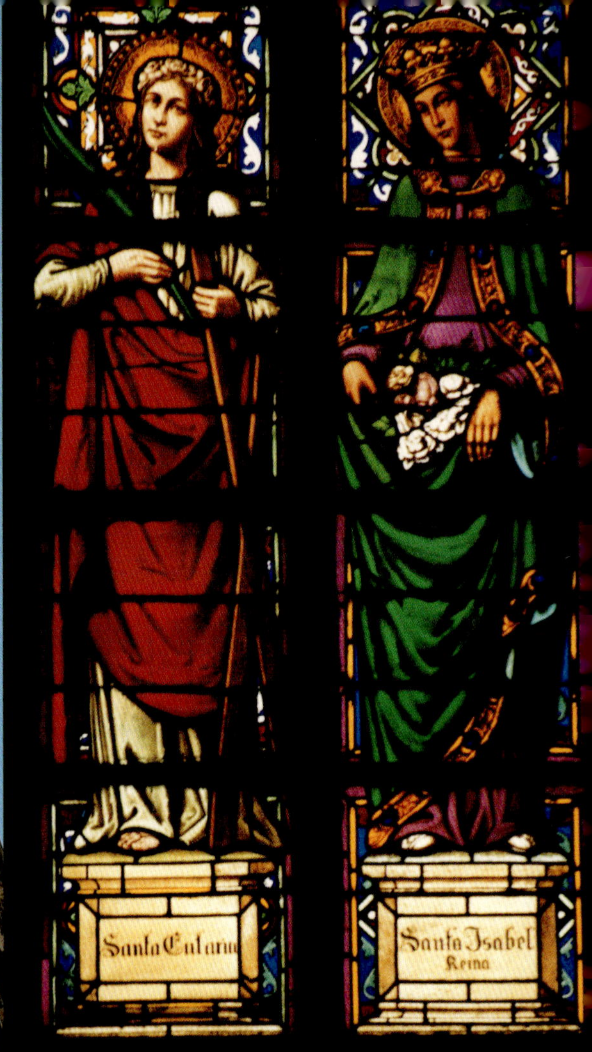

Straßenweise

Catedral • Sant Pere • Barri Gòtic • Ribera •
Barceloneta • Poble Nou • El Raval • Montjuïc •
Eixample • Gràcia • Zona Alta

Catedral
Sant Pere

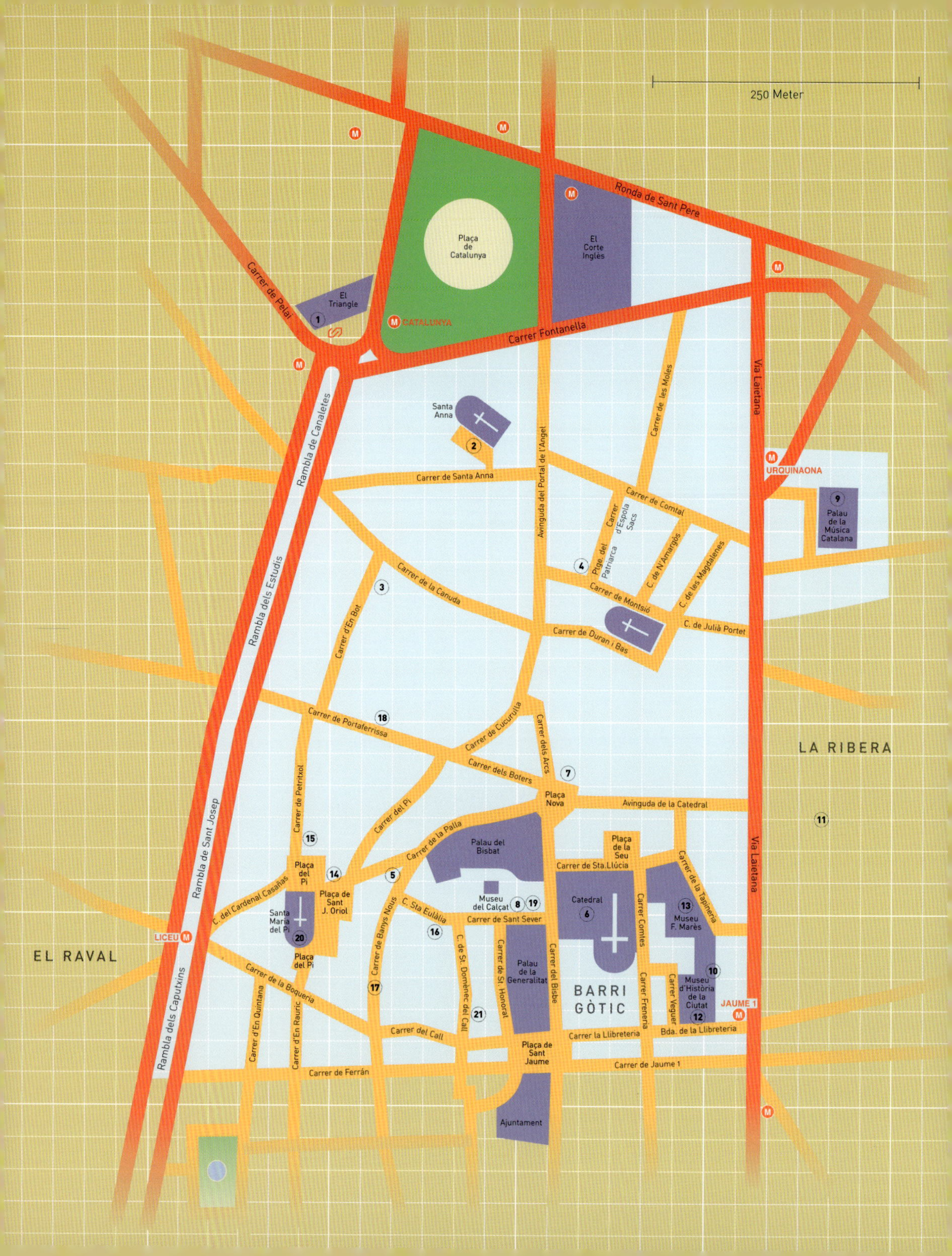
250 Meter
Ronda de Sant Pere
Plaça de Catalunya
El Corte Inglés
El Triangle
Carrer de Pelai
CATALUNYA
Carrer Fontanella
Via Laietana
Santa Anna
Rambla de Canaletes
Carrer de les Moles
URQUINAONA
Carrer de Santa Anna
Avinguda del Portal de l'Àngel
Carrer de Comtal
Carrer d'Espolla Sacs
Ptge. del Patriarca
C. de N'Amargós
C. de les Magdalenes
Palau de la Música Catalana
Rambla dels Estudis
Carrer de la Canuda
Carrer de Montsió
Carrer d'En Bot
Carrer de Duran i Bas
C. de Julià Portet
Carrer de Portaferrissa
Carrer de Cucurulla
Carrer dels Arcs
Carrer dels Boters
LA RIBERA
Plaça Nova
Avinguda de la Catedral
Carrer de Petritxol
Carrer del Pi
Carrer de la Palla
Palau del Bisbat
Plaça de la Seu
Rambla de Sant Josep
Plaça del Pi
Carrer de Sta.Llúcia
Carrer de la Tapineria
Plaça de Sant J. Oriol
C. del Cardenal Casañas
Museu del Calçat
Catedral
Museu F. Marès
Santa Maria del Pi
C. Sta Eulàlia
Carrer de Banys Nous
Carrer de Sant Sever
Carrer Comtes
LICEU
EL RAVAL
Plaça del Pi
C. de St. Domènec del Call
Carrer de St. Honorat
Carrer del Bisbe
Palau de la Generalitat
Museu d'Història de la Ciutat
Carrer de la Boqueria
BARRI GÒTIC
Carrer Freneria
Carrer Veguer
JAUME 1
Rambla dels Caputxins
Carrer d'En Quintana
Carrer d'En Rauric
Carrer del Call
Carrer la Llibreteria
Bda. de la Llibreteria
Plaça de Sant Jaume
Carrer de Ferrán
Carrer de Jaume 1
Ajuntament

In Barcelonas Barri Gòtic treffen antike und mittelalterliche Geschichte aufeinander. Dort erhebt sich die 1298 begonnene Kathedrale (S. 16) unmittelbar neben den römischen Stadtmauern aus dem 2./3. Jahrhundert und nahe den imposanten Säulen eines heute im Carrer del Paradís versteckt liegenden Augustus-Tempels. Ist auch die gotische Kirche Santa Maria del Mar (S. 40) die Favoritin der Barcelonesen, so beherrscht doch der hoch aufragende Turm der Bischofskirche, an der bis ins 20. Jahrhundert hinein gebaut wurde, das Bild der Altstadt (Ciutat Vella). Die enge Beziehung des Viertels zu seiner Vergangenheit wird nur wenige Schritte entfernt von der modernen Fußgängerzone Portal de l'Àngel in engen Gassen voller Antiquitätenlädchen und Devotionaliengeschäfte deutlich. Zugleich setzt das Gebäude des Col.legi d'Arquitectes de Catalunya, der Architektenkammer, an der Plaça Nova einen modernen Kontrapunkt im heiligen Bezirk der Altertümlichkeit – wie ihn erstmals vor 100 Jahren die Künstler definierten, die sich im berühmten Els Quatre Gats (S. 16) trafen.

Jahrhundertealte Paläste, über die Epochen der Blüte, des Niedergangs und der Restaurierung hinweggingen, verströmen bis heute Stil und Würde, für die die Katalanen von jeher bekannt waren. Viele wurden mit allergrößter Sorgfalt instand gesetzt, aber ihre Türen nicht hermetisch verschlossen. Der Palau Reial Major etwa ist nun Teil des Museu de Història de la Ciutat und einer der Eingänge in die Unterwelt der römischen Stadtfundamente. Einst königliche Residenz, umschließt der Palast heute die stimmungsvolle mittelalterliche Plaça del Rei. In seinem Innern befindet sich eine außergewöhnliche gotische Halle, in der das spanische Königspaar Ferdinand und Isabella den wagemutigen Kapitän Kolumbus nach seiner ersten Reise in die Neue Welt empfing.

Jenseits der Via Laietana präsentiert sich an der Plaça Lluís Millet im Viertel Sant Pere ein anderes Jahrhundert. Vor allem die unglaubliche Prachtentfaltung an Lluís Domènech i Montaners Palau de la Música Catalana (S. 19) lässt jeden staunen. Dieser Tempel der Musik ist ein Höhenflug des katalanischen Jugendstils in Keramik, Stuck, Eisen und Glas. Westlich der Kathedrale hingegen bummelt man durch enge Gässchen wie Banys Nous, in dem das Allerlei der Vergangenheit hinter alten Scheiben schlummert und noblere Spezialgeschäfte mit geschickter Dekoration die Käufer locken. Ein paar Ecken weiter arrangiert sich die Gotik von Santa Maria del Pi zusammen mit strengen oder auch verspielten Fassaden und schattigen Platanen zu einem einladenden Ensemble von Plaça del Pi und Plaça de Sant Josep Oriol.

NEUE DIMENSIONEN DER ZEIT

1 Grus Watch

El Triangle, Carrer de Pelai 39

Im Triangle-Shoppingcenter an der Plaça de Catalunya hält Grus Watch die Fahne des Designs hoch und beschämt damit die Einkaufsgiganten – auch Corte Inglés jenseits der Plaça – in ihrer gestalterischen Gesichtslosigkeit. Grus ist ein 1991 gegründetes Unternehmen katalanischer Designer. Sie entwerfen elegante, minimalistische Uhren, in denen weder Name noch Firmenemblem die reine Form beeinträchtigen. Das Sortiment des Geschäfts umfasst etwa 150 Uhren eigener Produktion sowie einige anderer Hersteller. Ist stilistisch eine Tendenz zu Nüchternheit zu erkennen, bewirken doch Materialien, Formen und Farben eine bemerkenswerte Vielfalt. Grus Watch hat in Designerkreisen viel Anerkennung erfahren, und sein Konzept – mehr Augenmerk für das Produktdetail denn für die Platzierung des Namens – verdiente es, Schule zu machen.

VERBORGENES HEILIGTUM

2 Monestir i Església de Santa Anna

Carrer de Santa Anna, 27–29

Nur Schritte entfernt vom Lärm der Shoppingmeile Portal de l'Àngel gleicht Santa Anna einer abgeschiedenen Oase. Ein Blumenstand im Kirchhof ist noch Symbol des Übergangs zwischen Kommerz und klösterlicher Stille. Weitgehend konnte die Kirche ihren Charakter des 12. und 14. Jhs. bewahren, wenngleich einige Teile wie die Kuppel nach dem Bürgerkrieg erneuert wurden. Durch die Kirche erreicht man den gotischen Kreuzgang, der zu dem im 15. Jh. errichteten Kloster gehörte.

FANTASIEN IN SCHOKOLADE

3 Xocoa

174

BOHEME-NOSTALGIE

4 Els Quatre Gats

Carrer de Montsío, 3 bis

Das Quatre Gats im Modernisme-Bau der Casa Martí (Architekt Josep Puig i Cadafalch) wäre schon für sich genommen ein kulturhistorischer Markstein der Stadt. Aber aufgrund seiner geschichtenreichen Vergangenheit ist es eines der berühmtesten Restaurants der Stadt geworden. 1897 von Pere Romeu eröffnet, der sich von *Le Chat Noir* in Paris hatte inspirieren lassen, wurde es innerhalb kürzester Zeit ein Treffpunkt der bedeutendsten Künstler der Zeit, darunter Santiago Rusiñol und Ramon Casas. Sie unterstützten Romeu sogar finanziell, und Pablo Picasso, der hier eine seiner ersten Ausstellungen hatte, stellte eine Zeichnung für die Speisekarte zur Verfügung. Schulden waren 1903 der Grund für die Schließung des Lokals, das daraufhin bis in die späten 1970er-Jahre ein mehr als unwürdiges Dasein fristete. Nach der Restaurierung des Gebäudes 1989 kehrte der legendäre Boheme-Glanz der Gründerjahre zurück. Wieder haben die »Vier Katzen« Charme, künstlerisches Ambiente und eine gute Portion Gemütlichkeit.

KLOSTERWARE

5 Caelum

173

HEILIGES HERZ

6 Catedral de Barcelona

Plaça de la Seu

Barcelonas Kathedrale (La Seu) wurde auf Fundamenten eines Vorgängerbaus im 13. Jh. errichtet, aber im Gegensatz zu Santa Maria del Mar erst Jahrhunderte später vollendet. Die Fassade datiert aus dem späten 19. Jh. und fügt sich erstaunlich harmonisch in das Bild der Ciutat Vella. Grablege der Stadtheiligen Sta. Eulalia, einer Märtyrerin in römischer Zeit, und auch nach ihr benannt, gilt La Seu als das Herz der Stadt. Eines ihrer kuriosesten Teile ist der Kreuzgang mit einer Schar von Gänsen, die wie einst in Rom Wache halten sollen.

ZENTRUM DER ARCHITEKTEN

7 Col.legi d'Arquitectes de Catalunya

Plaça Nova, 5

Keilförmig und mit einem riesigen Fries schiebt sich ein 1960er-Jahre-Bau auf die Plaça vor der Kathedrale. Der Entwurf zu dem Fassaden-Sgraffito stammt von Picasso und stellt volkstümliche Szenen dar. In den oberen Stockwerken liegen die Büros der Architektenvereinigung, während ein öffentlicher Ausstellungsbereich und die Buchhandlung Erd- und Untergeschoss einnehmen. Sie ist ein Muss für einschlägig Interessierte, da sie nicht nur die gängigen Bücher zu Architektur, Stadtplanung, Kunst im öffentlichen Raum und Innenarchitektur vorrätig hat, sondern auch Fachzeitschriften und Arbeitsmittel bis hin zu CAD-Tools.

GENUSS FÜR DIE SINNE

8 Hotel Neri

118

GEBAUTE SYMPHONIE

9 Palau de la Música Catalana

Carrer de Sant Francesc de Paula, 2

Dieses Meisterwerk des Modernisme, gebaut von dem Genie Lluís Domènech i Montaner (1908) und von Oscar Tusquets und Carles Díaz (1983, 2001) erweitert, spiegelt Barcelonas Sinn für Repräsentation an der Wende vom 19. zum 20. Jh. Weit über seine Funktion als Bühne der katalanischen Musik hinaus ist der Palau ein Feuerwerk der Kunst und wurde von der UNESCO 1997 zum Weltkulturerbe ernannt. Büsten von Bach, Beethoven, Palestrina und anderen Größen der Musik, eine Allegorie der katalanischen Musik sowie mit bezaubernden Mosaiken überzogene Säulen an der lebhaften Ziegelfassade belegen, dass für Domènech i Montaner die dekorative Ausgestaltung eines Baus bis ins Detail von größter Relevanz war. Im Innern steigert sich die Pracht zur atemberaubenden Symphonie: geschwungene Treppen, lebhaftes Fliesendekor und goldüberzogene Decken. Aus massigen Säulen sprießen die Rippen weitgespannter Gewölbe und bündeln sich in Rosetten. Vor allem aber weckt die Schönheit des gigantischen Buntglastropfens im Konzertsaal fassungsloses Staunen – und unabhängig von den Touristenscharen haben die Programme klassischer, volkstümlicher und moderner Musik jedes Jahr mehr als eine halbe Million Zuhörer.

FENSTER IN DIE VERGANGENHEIT

10 Plaça del Rei
Museu d'Història de la Ciutat

Plaça del Rei, 1 / Carrer Veguer

Der Platz, den der von Pere III. errichtete Palast für die Grafen von Barcelona einschließt, repräsentiert heute einen prächtigen Mikrokosmos der Barceloneser Architektur und Geschichte vom 1. bis zum 16. Jh. Die mittelalterlichen Fassaden und die faszinierende Freitreppe zum Saló del Tinell, angeblich der Ort, an dem das Königspaar Ferdinand und Isabella Kolumbus nach seiner ersten Amerikareise empfing, sind noch im Freien der erste Genuss. Das Museumsticket gewährt u. a. Zutritt zum Palast – der Saló del Tinell gilt als schönstes Beispiel gotischer Profanarchitektur in Katalonien. Die Palastkapelle Sta. Àgata (1319) steht auf der römischen Stadtmauer, aus dem 16. Jh. datiert der nach König Martí benannte Turm. Unter dem Platz sieht man im Historischen Museum die Grundmauern römischer Gebäude entlang einiger Straßenzüge. Für Konzerte und andere Veranstaltungen wandelt sich die Plaça im Sommer, etwa zum Festival »El Grec«, zur romantischen Bühne.

NEUES LEBEN IN ALTEN HALLEN

11 Mercat de Santa Caterina

Avinguda de Francesc Cambó

Den Architekten Enric Miralles und Benedetta Tagliabue, die schon mit dem schottischen Parlamentsgebäude Aufsehen erregten, gelang hier eine Neuinterpretation der Markthallen aus dem 19. Jh. Über den alten Mauern wogt ein scheinbar schwebendes Dach, überzogen von mehr als 320 000 Fliesen. In ihren leuchtenden Farben schaffen sie eine Verbindung zu den hier gehandelten Früchten und Gemüsen. Wieder im sozialen Blickpunkt, sind die Hallen ein Markstein in der dringend erforderlichen Wiederbelebung der Ciutat Vella, wofür sich Miralles mit großem Engagement einsetzte. Leider starb er im Jahr 2000 noch vor Fertigstellung des Komplexes. Seine Verehrer aber sehen mit Spannung, wie seine Ideen hier Früchte tragen.

ALTMODISCHER KERZENSCHEIN

12 Cereria Subirà

Baixada de la Llibreteria, 7

Das Geschäft aus dem Jahr 1761, so liest man an der Fassade, sei Barcelonas ältestes und seit dem 19. Jh. an seinem heutigen Platz. Auch ohne diese Details zu kennen, hält man diesen Kerzenladen in der Nähe der Kathedrale für ein Relikt aus einer anderen Zeit. Die blassblaue und weiße Wandvertäfelung und der goldschimmernde barocke Dekor, die neoklassizistischen Wandleuchter in der Gestalt von Fackelträgerinnen sowie die fahlrosa Draperien sprechen ihre eigene Sprache. Aber nicht die Spur von psychedelischer Entrücktheit. Schlichte Kerzen ebenso wie spiralig verspielte haben hier ihre akkurate Ordnung nach Farbe und Form.

EKLEKTISCHE SAMMLUNG

13 Museu Frederic Marès

Plaça de Sant Iu, 5–6

Dieses unglaubliche Museum nimmt einen Teil des Königspalasts ein, in dem im 13. Jh. die Bischöfe residierten sowie später Mitglieder des Hofes und religiöser Orden. Es zeigt die Sammlung des Bildhauers Frederic Marès, der in den 1940ern einen Teil des Gebäudes bewohnte. Sein bleibendes Vermächtnis ist eine extrem eklektische Kunstsammlung. Auslöser war seine Begeisterung für religiöse Kunst und Devotionalien, die sich zu einer vielfältigen Sammelleidenschaft auswuchs. Unter den Kollektionen, die so gut wie alles von Kinderspielzeug über Postkarten und Keramik bis hin zu Daguerreotypien umfassen, sind kostbare römische und gotische Stücke, daneben Säle mit antiken und mittelalterlichen Skulpturen. Das Café unter den Orangenbäumen im Patio ist von April bis September geöffnet.

HISTORISCHE ANFÄNGE

14 Bar del Pi

Plaça de Sant Josep Oriol, 1

Die Bar del Pi ist eine Institution des Barri Gòtic, hier fand sogar die Gründung der antifaschistischen Partei PSUC im bedeutungsvollen Bürgerkriegsjahr 1936 statt. Sie ist heute so populär wie früher und häufig brechend voll. Aber auch auf der Plaça stehen die Tische, wo man an Wochenenden, wenn unter den Platanen der Künstlermarkt stattfindet, besonders angenehm sitzt (von den namengebenden Pinien gibt es nur noch eine). An anderen Tagen suchen Straßenmusiker hier ihr Publikum und lockt ein Delikatessenmarkt Einheimische an.

SÜSSE GELÜSTE

15 Granja Dulcinea

144

TECHNIKNOSTALGIE

16 Anamorfosis

Carrer de Santa Eulalia, 4

Alte Radios, ein Phonograph von 1895, das Grammophon von 1910 und unzählige andere betagte Utensilien sind hineingequetscht in diesen winzigen, aber bestens geordneten Laden. Anna präsentiert hier die Geschichte der Technik in Schlaglichtern. Jedes Stück ist makellos – und funktioniert! Selbst wenn Sie weder einen Kamerographen von 1906 erwerben möchten, noch eine Uraltschreibmaschine oder 78er-Vinylplatten: Die Techniklektion macht dennoch Spaß.

SCHÖNE ALTE ZEIT

17 Banys Nous: Straße der Antiquitäten

- Gemma Povo, Nr. 5–7
- Antigüedades, Nr. 17a
- L'Arca de l'Àvia, Nr. 20

Die Zahl der Antiquitätenläden im Kathedralviertel ist in den letzten Jahren merklich gestiegen. Vor allem im Carrer Banys Nous machen die Mischung von Trödel und hochwertigen Antiquitäten sowie einige Spezialgeschäfte den Bummel zum Vergnügen. Geschäftchen wie Antigüedades, das bis unter die Decke vollgestopft ist mit Möbeln, Geschirr, Gemälden und Kleinkram, bestehen Seite an Seite mit den properen Sammlungen von Gemma Povo. Hier findet man schmiedeeiserne Lampen und Möbel der eigenen Marke neben altspanischem Mobiliar. Auf Altertümer einer anderen Art ist der liebenswert altmodische Laden L'Arca de l'Àvia (»Omas Koffer«) spezialisiert: Kleidung und Textiles aus dem 18./19. Jh., vom filigranen Spitzentüchlein bis hin zu Hochzeitskleidern. Besitzerin Carmina Viñas hatte die Idee, Dinge zu sammeln, »die Frauen des 19. Jhs. in ihre Hochzeitstruhen packten«. Doch nicht nur Nostalgiker stöbern hier gerne, auch Theater- und Filmleute suchen nach Authentischem. Eine Reihe von Dingen aus dem 19. Jh., die eine Amerikanerin bei ihr erworben hatte, tauchten letztlich als Requisiten im Film *Titanic* auf. Bei den Stickmustern, die sie selbst entwirft, lässt sich Carmina Viñas von alten Vorlagen inspirieren.

EIN KAMEL ALS WEGWEISER

18 Bar Jardí Portaferrissa

Carrer de Portaferrissa, 17

Beim Bummel durch den Carrer de Portaferrissa ist die Kamelskulptur am Eingang zu einem Labyrinth von Secondhandlädchen gar nicht zu verfehlen. Abseits des Gedränges entdeckt man dort eine Nische der Ruhe in einer Art Wintergarten im Obergeschoss. Die Bar Jardí serviert Sandwiches, Tees und Säfte und ist mit ihrer gelassenen Atmosphäre der ideale Ort, um sich zu entspannen und Kräfte aufzutanken.

ONE-WOMAN SHOW

19 La Marthe

Carrer de Sant Sever, 1

Marthe Esteban kultiviert eine altmodische Idee von Design, obwohl ihre Entwürfe alles andere als retro sind. Die figurschmeichelnden Kreationen entstehen aus einer wahren Fülle außergewöhnlicher Stoffe. Sie arbeitet wie ein kleines Haute-Couture-Haus und fertigt etwa 30 Stücke je Kollektion, jedes ein Unikat und maßgeschneidert. Für ein Meisterwerk mit dem körperbetonenden Touch der 1940er gibt es nur diese Werkstatt.

FEIERLICHE NÜCHTERNHEIT

20 Església Santa Maria del Pi

Plaça del Pi/Plaça de Sant Josep Oriol

Santa Maria del Pi entstand ab 1322 – etwa zur selben Zeit wie Santa Maria del Mar und im selben gotischen Stil Kataloniens. Charakteristisch sind die Hallenkirchen, in denen Mittel- und Seitenschiffe gleich hoch sind. Allerdings fehlen in Santa Maria del Pi die Seitenschiffe: Direkt vom Mittelschiff aus betritt man die Kapellen. Ihre Altäre waren weitgehend Stiftungen der Zünfte. Typisch auch in dieser Kirche die große Rosette in der Westwand, deren Buntglasfenster zusammen mit den Fenstern der Seitenwände den Innenraum in ein mystisches Licht tauchen. Den Eindruck der Strenge allerdings stört die grobe Form der modernen Orgel.

TEE-EXOTIK

21 Salterio

Carrer Sant Domènec del Call, 4

Eine gemütliche »Höhle« mit derben Steinmauern, gedämpftem Licht und arabischen Anklängen ... Salterio ist der Typ Bar oder Café, der seit einigen Jahren in Barcelona beliebt wurde (S. 92, Teteria Jazmín). Es hat alle Attribute einer quirligen Bar und die klassischen alkoholischen und alkoholfreien Drinks auf der Karte. Allerdings serviert Salterio auch Tees, nicht vom Typ »Verlegenheitslösung«, sondern erlesene Qualitäten: Früchte- und Kräutertees, den bekannten Earl Grey und einen Darjeeling, Minztee arabischen Stils und exotische Mischungen – in dem Ambiente eines Teesalons.

ARBOL 2

Barri Gòtic

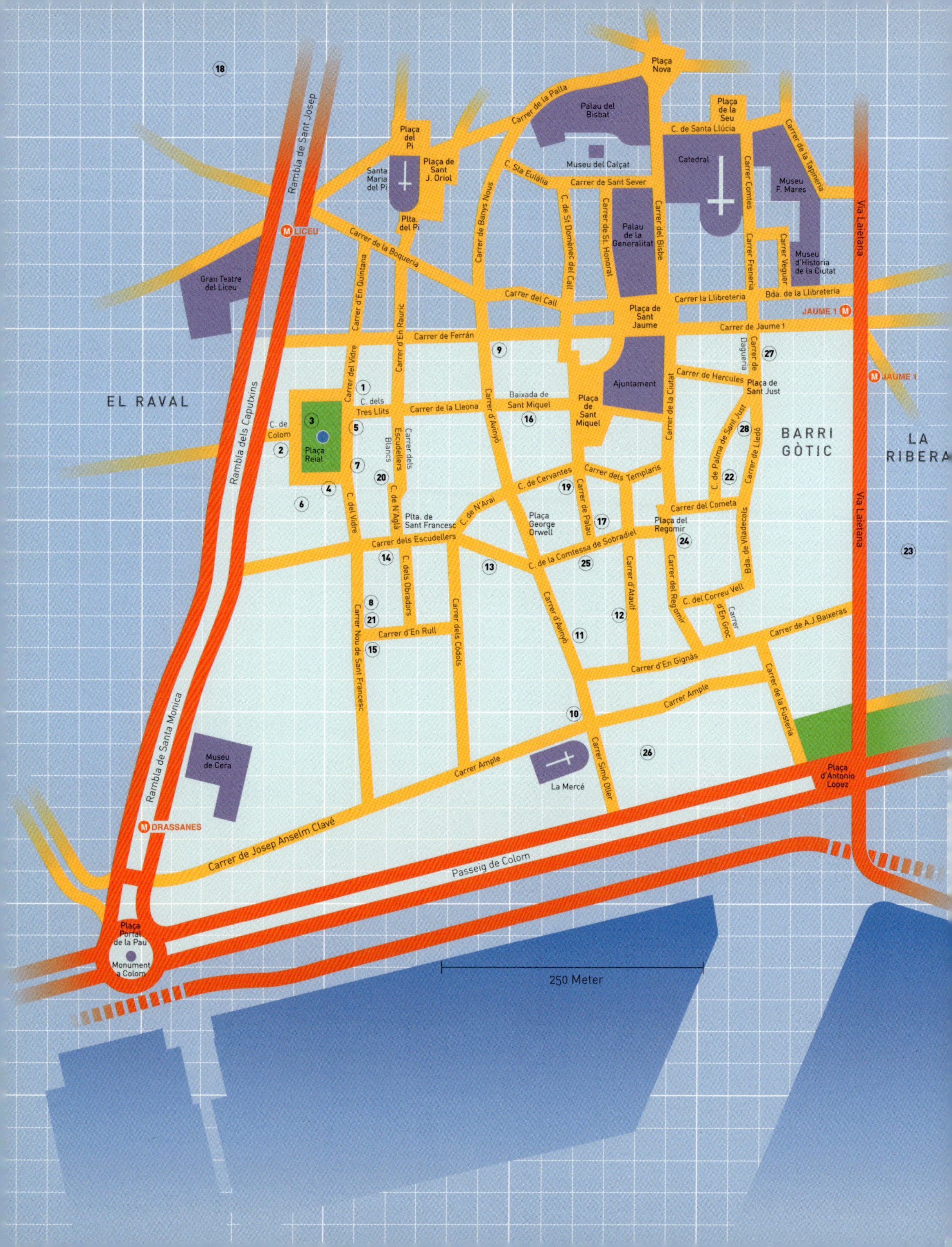

Plaça Nova
Palau del Bisbat
Plaça de la Seu
Carrer de la Palla
C. de Santa Llúcia
Museu del Calçat
Catedral
Carrer Comtes
Museu F. Mares
Carrer de la Tapineria
Via Laietana
Plaça del Pi
Santa Maria del Pi
Plaça de Sant J. Oriol
Plta. del Pi
C. Sta Eulàlia
Carrer de Sant Sever
Carrer de Banys Nous
C. de St Domènec del Call
Carrer de St. Honorat
Palau de la Generalitat
Carrer del Bisbe
Carrer Freneria
Carrer Veguer
Museu d'Història de la Ciutat
Rambla de Sant Josep
LICEU
Carrer de la Boqueria
Gran Teatre del Liceu
Carrer d'En Quintana
Carrer d'En Rauric
Carrer del Call
Plaça de Sant Jaume
Carrer la Llibreteria
Bda. de la Llibreteria
JAUME 1
Carrer de Ferrán
Carrer de Jaume 1
Carrer de Daguería
Ajuntament
Carrer de Hercules
Plaça de Sant Just
EL RAVAL
Rambla dels Caputxins
Carrer del Vidre
C. dels Tres Llits
Carrer de la Lleona
Carrer d'Avinyó
Baixada de Sant Miquel
Plaça de Sant Miquel
Carrer de la Ciutat
C. de Colom
Plaça Reial
Carrer dels Escudellers Blancs
C. de Palma de Sant Just
Carrer de Lledó
BARRI GÒTIC
LA RIBERA
C. de Cervantes
Carrer dels Templaris
C. del Vidre
C. de N'Aglà
Plta. de Sant Francesc
C. de N'Arai
Plaça George Orwell
Carrer de Palau
Carrer del Cometa
Plaça del Regomir
Baixada de Viladecols
Carrer dels Escudellers
C. de la Comtessa de Sobradiel
C. dels Obradors
Carrer d'Ataulf
Carrer del Regomir
C. del Correu Vell
Carrer d'En Groc
Carrer de A.J. Baixeras
Carrer Nou de Sant Francesc
Carrer d'En Rull
Carrer dels Còdols
Carrer d'En Gignàs
Carrer Ample
Carrer de la Fusteria
Museu de Cera
Rambla de Santa Monica
La Mercé
Carrer Simó Oller
Plaça d'Antonio Lopez
DRASSANES
Carrer de Josep Anselm Clavé
Passeig de Colom
Plaça Portal de la Pau
Monument a Colom
250 Meter
1
2
3
4
5
6
7
8
9
10
11
12
13
14
15
16
17
18
19
20
21
22
23
24
25
26
27
28

Südlich der Kathedrale und meerwärts der Straßenachse Carrer de Ferrán – Carrer de Jaume 1 pulst das mittelalterliche Herz des Barri Gòtic stiller und volkstümlicher, verbirgt sich Leben in schmalen Gassen, hinter mächtigen Portalen und skulptierten Fassaden. Die Plaça de Sant Jaume an der Stelle des römischen Forums ist der Nukleus der mittelalterlichen Stadt. Sie wird flankiert von den beiden Symbolen katalanischer Selbstherrschaft: Casa de la Ciutat (Ajuntament, das Rathaus; begonnen 1373) und Palau de la Generalitat (1418–1596), zwei Konstanten zwischen den Polen von Vergangenheit und Moderne. Die Plaça Reial (S. 28) lenkt den Blick auf das 19. Jahrhundert, als sie im Zuge städtebaulicher Neuerungen in einem Guss geplant und später mit Lampen von Antoni Gaudí ausgestattet wurde. Die eleganten neoklassizistischen Fassaden und die schönen Palmen sind seit Langem Kulisse zweifelhafter Geschäfte und ziehen dennoch in ihrem urbanen Mix des Verruchten und Eleganten eine erstaunlich gleichbleibende Schar von Touristen und Einheimischen an, seit die in den 1980ern von Federico Correa und Alfons Milà geleitete Restaurierung alte Glanzlichter aufpolierte.

Bei jedem Barcelona-Besucher weckt das Barri Gòtic beinahe surreale Erinnerungen an schummrige enge Gassen, gerahmt von pittoresken Fassaden mit den typischen Jalousien und kleinen Balkonen, zwischen denen die Wäscheleinen den Himmel kreuzen. Jahr für Jahr schreitet die Sanierung fort, weichen bröckelnde Fassaden, aber die Stimmen des Alltags, die durch die Hausgänge hallen, erden allzu romantische Fantasien von einem mittelalterlichen Disneyland. Der bekannteste Espadrilles-Macher der Stadt, wenn nicht sogar der Welt, hat noch immer seinen Laden im Carrer d'Avinyó (S. 168), einst bekannt ob seiner lasziven Damen und heute gefragte Adresse einer modebewussten jungen Generation für hippe Designerkleidung.

Obwohl sich der Wandel im Barri Gòtic weniger augenfällig vollzieht als im Born (S. 39), werden in dem auflebenden Viertel alte Gemäuer nicht nur zu Wohnraumzwecken und für Geschäfte saniert. Vielmehr halten auch innovative neue Lokale und freakige Cocktailbars Einzug. In einigen Häusern haben angesehene Restaurants, die wie das Agut eine klassische regionale Küche servieren, seit Jahrzehnten ihren Platz. Gastronomische Aufsteiger jedoch verwandelten während der letzten Jahre ehemalige Lagerhäuser und Weinkeller, installierten eine marktfrische Fusionküche und schickes Interieur. Verrückten Boheme-Look oder futuristische Neons verpassten Designer abgefahrenen Nightspots, deren junges Publikum exotische Drinks und eine vibrierende Tanzatmosphäre sucht.

KRÄUTER DES LEBENS

1 Herboristeria del Rei

Carrer del Vidre, 1

1823 eröffnete eine Kräuterhandlung nur ein paar Meter entfernt von der Plaça Reial und erlangte sogar die persönliche Protektion von Königin Isabella II. Der altertümliche Eckladen führt weiterhin eine Fülle medizinischer Pflanzen, Gewürze und Tees ebenso wie viele Sorten Honig. Das Interieur bietet ein bemerkenswert kurioses Bild – und das kleine Becken vermag den Besuchern einen Schauer über den Rücken zu jagen, wenn man weiß, dass darin Blutegel gehalten wurden. Halten Sie nach den Safranpäckchen in dekorativen Glasbehältern Ausschau. Sie sind ideale Geschenke.

JAMSESSIONS

2 Jamboree

Plaça Reial, 17

Die Türen dieses stimmungsvollen Jazzclubs öffneten sich erstmals 1959. Bald unterstrichen seinen legendären Ruf sensationelle Auftritte von Stars wie Ella Fitzgerald, Chet Baker und Lionel Hampton. Es folgten jedoch Zeiten des Ruins, bis die Mas-Brüder (bekannt durch die Musikclubs La Boite und Moog) das Jamboree 1994 wieder eröffneten – als Bühne für Livejazz und -blues sowie als Dancefloor mit Hip-Hop und Funk. Der New Yorker Pianostar Brad Meldau nahm eines seiner ersten Alben (mit Jordi und Mario Rossy und Perico Sambeat) hier auf. Unter den Gastinterpreten entdeckt man ferner Namen wie Peter King und Danilo Perez. (Einige Aufzeichnungen sind auch beim Label Mas i Mas erhältlich.) Montag ist der Tag der Jamsessions, während am Wochenende R&B die Tanzfläche füllt.

POPULÄRER DAUERBRENNER

3 Plaça Reial

Es sollte Ihnen bei Tage gelingen, inmitten der vielen Menschen auf dem Platz doch einen Blick auf die architektonischen Details zu werfen und die Schönheit des neoklassizistischen Ensembles wahrzunehmen. Sein Konzept stammt von Francesc D. Molina (vgl. La Boqueria, S. 61), 1981 dann setzten Federico Correa und Alfons Milà, die das preisgekrönte Interieur von Flash-Flash (S. 97) und Giardinetto (S. 95) mitdesignten, neue Akzente. Sie schlossen die Autos vollständig aus und behielten in dem Pflasterpark mit seinen Palmenrondellen den Brunnen der Drei Grazien sowie die von dem jungen Gaudí entworfenen Straßenlampen bei.

BOOGIE DIE GANZE NACHT

4 Club 13

Plaça Reial, 13

In diesem Bar-Restaurant erlebt die dekadente (und dabei überaus lebendige und populäre) Facette des nächtlichen Entertainment an der Plaça Reial ihre Renaissance. Der noch recht junge Club 13 hat das Passende für alle musikalischen Geschmäcker. Mit nicht weniger als vier wunderschön gestalteten *salas* (inklusive einer Bar und einem Restaurant) ist man hier an der richtigen Adresse, um hervorragende Musik und Cocktails in der Gesellschaft eines trendigen Publikums zu genießen. Sieben Tage die Woche steigt die Party, aber nur Donnerstagnacht dirigieren die Aufsteiger unter den DJs.

GUT GESTOPFT

5 Taxidermista

Plaça Reial, 8

Der Architektin Beth Galí gelang ein Geniestreich, als sie einen Laden für ausgestopfte Tiere, in dem Dalí angeblich Tausende zerteilter Ameisen erwarb, in eines der gefragtesten Speiselokale verwandelte. Diskret platzierte technische Spielereien und Elemente des frühen Industriezeitalters mischen sich in dieser neu kultivierten Ecke der Plaça Reial. Die Arkaden sind beliebt für einen Tapas-Imbiss. Einen eleganteren Fusionstil zelebriert Chefkoch Miguel Plazaola für die Dinnerkarte, z. B. Thunfisch mit Paprika, Aubergine und Ziegenkäse. Die Desserts liefert Jordi Butrón (S. 135, Espai Sucre).

SEELE BAUMELN LASSEN

6 Café Royale

150

FEINHERBE WÖLKCHEN

7 Pipa Club

Plaça Reial, 3

Von den eleganten Räumen fällt der Blick auf die Plaça Reial. Der Genuss in diesem Club aber hat einen anderen Fokus: aromatischen Tabak in edlen Pfeifen. Nach 23 Uhr sind auch Nichtclubmitglieder willkommen, zu Drinks, Billard und blaudunstiger Konversation. Gelegentlich spielen Jazzinterpreten, oder DJs legen Musik über das sanfte Murmeln. Man hat die Wahl zwischen der Clubatmosphäre der Sala Borkum Riff, dem Spielezimmer, Speisesaal und dem Pub Sherlock Holmes. Pipa Club ist der ideale Ort für den Absacker nach Taxidermista (s. oben), obwohl man auch hier essen kann.

HERBA IVA
FULLES
MURTRA

WILDE RHYTHMEN

8 La Macarena

Carrer Nou de Sant Francesc, 8

Der winzige Club zählt zu den Institutionen der vorgerückten Stunden. House ist hier das Thema, und insbesondere nach 3 Uhr morgens legen sich die Nachwuchs-DJs mächtig ins Zeug. Welch schräge Fetische die Wände dekorieren, nimmt das Gros des Publikums gar nicht wahr. Hierher kommt man, um sich auf der Tanzfläche auszutoben – bis zum Morgengrauen.

ALTMODISCH WEICHE SCHUHE

9 La Manual Alpargatera

168

DESIGNERMASCHEN

10 Zsu Zsa

Carrer d'Avinyó, 50

Unter den Mode- und Designerboutiquen des Carrer d'Avinyó profilieren sich einige durch Originalität und Pep. Auch Zsu Zsa (ausgesprochen suh-sa) sollte man sich merken: wegen ihrer luxuriös-weichen Angorapullover. Zugleich überzeugen ihre Hosen und Jacken in rustikalem Breitcord, aber auch ihre figurschmeichelnden Blusen und sommerlich-sexy Fummel. Der Laden ist der einzige, der ihre Mode exklusiv verkauft; in der Boutique Suite in Gràcia, Carrer de Verdi, 3–5, teilt sich Zsu Zsa die Kleiderstangen mit mehreren Designern.

STREETFASHION

11 Carrer d'Avinyó

- [Z]INK, Nr. 14
- Sita Murt, Nr. 18
- So_da, Nr. 24

Picassos Modellstudio für Demoiselles d'Avignon soll eines der Bordelle im Carrer gewesen sein. Heute assoziiert man ihn mit modebewussten Teens und Twens. Mit einer Basis bei La Manual Alpargatera (S. 168) dreht sich das Modekarussell in einigen der trendigsten Shops der Barceloneser Street- und Clubfashion kräftig nach oben. [Z]INK quillt über von Levi's- und Adidas-Klassikern. Sita Murt ist der Prototyp eines Avantgarde-Shops mit dem Look einer vorgeschichtlichen Höhle. Riesige Lichtröhren durchstoßen die Steinoberfläche und dienen als »Hänger« für Damenmode von Esteve, Cultura Antik Batik, Save the Queen, Pianura und der eigenen Marke. Eine Hybride, wie sie nur diese Stadt kreieren kann, ist So_da: tagsüber eine gut sortierte Boutique

vorwiegend internationaler Streetwear der Designklasse – Miss Sixty, Boxfresh, Pauric Sweeny, Yohji Yamamoto. Der Gag der Einrichtung sind die rollbaren Schrankeinheiten. Abends machen sie den Weg frei zu einer Bar (im hinteren Teil des Raumes), über die laszives rotes Licht flutet. Dies sind nicht die einzigen Shopping-Verführungen im Carrer d'Avinyó, einer Gasse, die Ihnen auf sehr vergnügliche Weise die Zeit stiehlt.

AUFGEFRISCHTE INSTITUTION

12 Bar Bodega Teo

156

FRECH FUNKY

13 Carrer dels Escudellers

- Futura, Nr. 56
- Harlem Jazz Club, Carrer de la Comtessa de Sobradiel, 8

Kaum eine Gasse des Barri Gòtic lässt die elektrisierende Mischung kleiner Geschäfte, Bars und Cafés vermissen. Escudellers allerdings verströmt besonderen Reiz. Nachmittags scheint der Carrer beinahe ausgestorben, hörte man nicht angeregtes Plaudern aus einem unvorstellbar hippen Waschsalon an der Plaçoleta de Sant Francesc. Gegen Abend aber übt Escudellers einen unwiderstehlichen Sog auf die »neuen« jungen Bohemiens aus. Fonfone (S. 155) ist nur der prominenteste Farbtupfer in einer ganzen Palette von Nachtbars und Clubs. Bei Futura lohnt es sich, bei Tage ein wenig Zeit zu verbringen – Sie werden auf viele Ideen zur optimalen Vorbereitung des Abends stoßen: sowohl mit einer jungen trendigen Mode des hauseigenen Labels wie auch mit CDs. Wenn Ihr Bauch mehr Groove verlangt, dann ist die heiße Adresse der Carrer de la Comtessa de Sobradiel – und dort eine der besten und angesagtesten Jazzkneipen: der Harlem Jazz Club. Der Beat Afrikas und der Karibik sowie Blues und Late-Night-Jazz unterhalten Freitag und Samstag bis fünf Uhr morgens.

GRÜN UND GROOVY

14 Fonfone

155

ZAUBERHÜTE

15 Nina Pawlowsky

170

SPEISEN ALS KUNST

16 Freud B'Art

134

GOTHAM

HAUTE BOHEME

17 Slokai

Carrer del Palau, 5

Slokai gehört zu den jüngeren Unternehmen, die von der neuen Boheme-Generation und dem Aufschwung in der Escudellers-Gegend profitieren. Die attraktive Kombination von Restaurant und Bar zielt auf ein junges Publikum, das in den Abend- und Nachtstunden durch die Straßen zieht, will aber auch all jene ansprechen, die niveauvoll speisen möchten. Christian Wincler, Ana Faseã und Gianfranco Vanella schufen ein Interieur mit künstlerisch-industrieller Note. Rote Paneele, lebhafte Gemälde und individuelles Designermobiliar kontrastieren mit ornamentierten alten Stahlsäulen. Das Essen ist eine in Ansätzen experimentelle Interpretation der Fusionidee, eine »gastronomische Reise«, wie Slokai selbst es definiert. Mittags lädt man zum kalten Büfett-Lunch, während abends *foie a la plancha con confitura de naranjas* (gebratene Leber mit Orangensauce) oder *el magret de pato* (Entenbrust) zur Wahl stehen. Oder fragen Sie nach der Spezialität des Hauses: *dorada con pisto y salsa de yema* (Dorade mit Gemüsepüree und einer Art Sauce hollandaise). Wie das Schild des Lokals vermuten lässt, sind manche Gerichte japanisch geprägt, z. B. der in Sojasauce marinierte Thunfisch. Wochentags evozieren Kerzenlicht und Jazzklänge eine romantische Stimmung, mit Techno und Videoprojektionen aber wechselt am Wochenende der Groove.

EIN KIND DER FÜNFZIGERJAHRE

18 Again(st)

Carrer del Palau, 6

Berücksichtigt man, dass der Laden eine lange Siesta zwischen 14 und 16 Uhr hat, so ist er – zusammen mit dem nahe gelegenen Gotham (s. rechts) – eine echte Fundgrube für Design aus der Zeit der 1950er- bis 1980er-Jahre. Again(st) führt Objekte aus Frankreich, Italien und Skandinavien, wie man ohnehin vermuten würde. Allerdings besteht das interessanteste Sortiment aus Möbeln und Lampen spanischer Designer wie Sergio Mazza und Antoni Blanc sowie von einer Reihe namentlich nicht genannter Künstler. Die Kunststoffobjekte stammen von Uldessa und vergleichbaren Firmen. Entdecken werden Sie farbenfrohe, wulstige Ledersofas und -stühle, Wandlampen im Space-Age-Design und Tischlampen in der Form von Untertassen von Fase. Dieser freche Mix der Farben und Stile wirkt in der freundlichen Atmosphäre hier noch einladender und reizvoller als anderswo.

AUFGEPEPPTES RETRO

19 Gotham

Carrer de Cervantes, 7

Einer von Barcelonas Topläden für Fifties-Design, ist Gotham feste Adresse für Stylisten von TV-Produktionsfirmen und Magazinen *(Wallpaper*)*, für Filmregisseure wie Pedro Almodóvar und natürlich von Sammlern. Mit dem Schwerpunkt auf Mobiliar und Lichtobjekten der 30er-, 50er-, 60er- und 70er-Jahre des 20. Jhs. hat sich Gotham auf Klassikerreproduktionen spezialisiert. Zu den gefragtesten Stücken zählen jedoch günstige, funktionelle spanische Schränkchen aus den 1950ern, die restauriert und mit leuchtenden Farben und Mustern frech aufgepeppt werden. Die Atmosphäre ist unverkrampft und ein wenig schräg, vielleicht weil man sich auf Kopien verlegt hat, jedenfalls angenehm andersartig als in der oftmals allzu ernsten Welt der Sammler.

SHOPPEN MIT DRINKS

20 Pilé 43

Carrer N'Aglà, 4

Ein Möbelgeschäft, das Cocktails serviert, oder eine Nachtbar, die Möbel verkauft? Wie auch immer man diesen vergnüglichen Ort kategorisieren mag, Pilé 43 überrascht mit einem eklektischen Mix von Designklassikern und Retroobjekten der 1960er- bis 1980er-Jahre. Und sollten Sie sich in genau den Sessel verlieben, auf dem Sie gerade einen der köstlichen Pilé-Mojitos schlürfen und genussvoll die Gäste rundum beobachten, dann können Sie ihn kaufen! Hier ist (fast) alles käuflich.

BRENNPUNKT

21 Dot Club

151

LIEBLING DER NACHBARSCHAFT

22 Bodega La Palma

Carrer de Palma de Sant Just, 7

Dies ist die klassische Stammkneipe, eine altmodische Bar in Familienbesitz, schlicht, ruhig und einladend. Und: Jeder kennt jeden. Die Bodega ist ein behaglicher Ort, dessen einziger Schmuck alte Holzfässer, aus denen der Patron mit geübter Hand seit Jahrzehnten den Wein zapft, große Schinken und Gemälde aus den 1950ern sind. Versteckt liegt sie in der schmalen Gasse abseits der beschaulichen Plaça de Sant Just – optimal für einen gemütlichen Stopp vor dem Dinner, da der Tresen an den meisten Abenden vor 22 Uhr schließt.

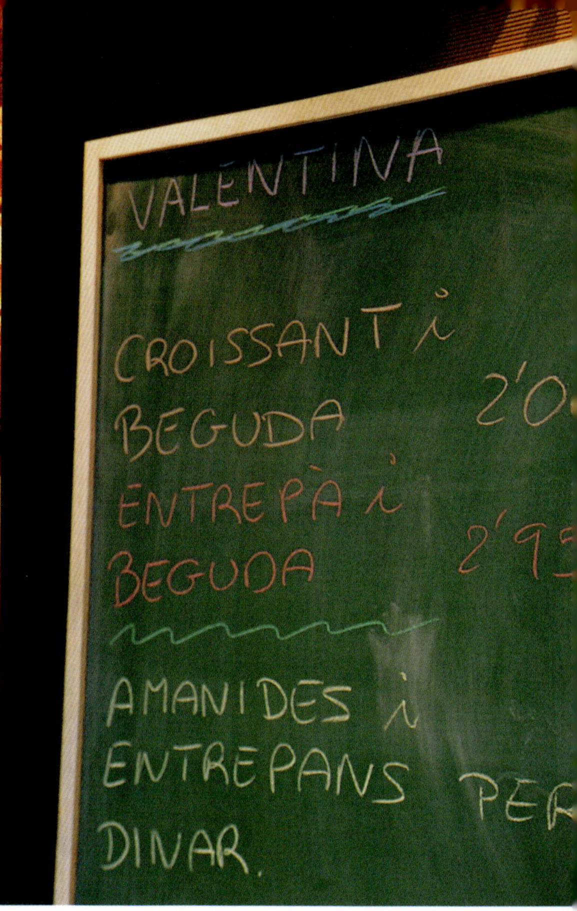

ELEKTRISIERENDE NÄCHTE

23 Dr Astin

Carrer Abaixadors, 9

Zu den beliebtesten Nightspots in Barcelona gehört das Nitsa (Plaça Joan Llongueres, 1–3) mit seinem 1970er-Kitsch-Look. Als dessen Betreiber im Jahr 2000 Dr Astin eröffneten, war dies ihr Bekenntnis zu einer extravaganten Tanzszene, Welten entfernt vom Mainstream-Geschmack. Dr Astin ist das Paradies für die Liebhaber elektronischer Musik, und der Top-Techno-Sound von DMX, Krew, Toktok, GusGus, Chicks on Speed, Artists Unknown und Console lässt an diesem Ort, der an alte Industriehallen erinnert, die Luft vibrieren. Auch weniger bekannte DJs und Livebands treten hier auf – Woche für Woche vor vollem Haus.

VIVA MEXIKO

24 Valentina

Plaça del Regomir, 2

Valentina heißt: modernes Café, Kunstraum und Buchladen in einem. 2002 eröffnet, trug das Kulturzentrum en miniature zur Verschönerung der Plaça bei, an der ein schräger Lebensmittelladen die Hausfrauen versorgt. Ideal ist ein Besuch bei Valentina, um nachmittags Kaffee, Tee oder Kuchen zu genießen, während man einen Blick auf die Ausstellungen wirft und in das interessante Buchsortiment. Viele Bände behandeln mexikanische Themen, wie sich auch der Name des Cafés auf eine Revolutionsführerin bezieht. Kunst und Bücher werden tagsüber präsentiert (allerdings öffnet Valentina erst um 16 Uhr), abends sind Dokumentarfilme Programm. Dann füllt sich das Lokal und ist mehr als die bescheidene Attraktion auf einem unauffälligen Platz. Der Carrer d'Avinyó und die Nightspots im Carrer dels Escudellers (S. 31) sind wenige Schritte entfernt.

BARCE-LYON-SCHICK

25 Luka Home Made

Carrer de la Comtessa de Sobradiel, 10

Ludovic Charmot ist ein junger Modedesigner aus Lyon, der 2002 seine zweite Boutique eröffnete. Zusammen mit Karine Landon entwickelte er Luka Home Made, gerühmt für unkonventionelle Schnitte und Silhouetten, etwa ohne gewohnte Elemente wie Ärmel. Außerdem verwenden Landon und Charmot interessante Stoffe, sodass ihre Kreationen durch die raffinierten Schnitte nicht nur wie maßgeschneidert, sondern wie kleine Kunstwerke wirken. Noch wartet Home Made auf den Shootingstar-Erfolg. Allerdings soll sich ein bekannter Londoner Designer schon im Laden umgesehen haben – auf der Suche nach neuen Ideen?!

OHNE VERRENKUNGEN

26 Limbo

135

SPITZENZARTE DETAILS

27 Casa Oliveras

Carrer de Dagueria, 11

Seit 1885 produziert Casa Oliveras Baumwollspitzen, Tischdecken und andere textile Dinge für den Haushalt. Besitzerin Rosa Gallisa führt das Geschäft in vierter Generation. Sie ist eine Spezialistin in der Herstellung von Spitzen und bietet in einem Hinterzimmer des Ladens sogar Unterricht für neue Fans des filigranen alten Klöppelhandwerks an. Außer den auf große Rollen gewickelten Spitzen und verwandten Produkten können Sie bei Senyora Gallisa auch Muster sowie sämtliche Materialien kaufen, die man für die eigene Herstellung der seltenen zarten Accessoires benötigt. Auch mit Ratschlägen ist die Perfektionistin nicht knauserig.

CLUBSTIL DER VIERZIGERJAHRE

28 Ginger

154

La Ribera
Barceloneta
Poble Nou

EIXAMPLE
CLOT
CIUTAT VELLA
BARRI GÒTIC
LA RIBERA
FORT PIUS
POBLE NOU
BARCELONETA
MONUMENTAL
TETUAN
Gran Via de les Corts Catalanes
Plaça de les Glòries Catalanes
GLÒRIES
Teatro Nacional de Catalunya
Passeig de Sant Joan
Ronda de Sant Pere
ARC DE TRIOMF
Carrer de la Marina
Avinguda Meridiana
Avinguda Diagonal
MARINA
Carrer dels Almogàvers
Carrer de Pere IV
Carrer de Pallars
BOGATELL
LLACUNA
POBLENOU
SELVA DE MAR
Rambla del Poblenou
JAUME I
Carrer dels Carders
Carrer de la Princesa
Pg. de Pujades
Passeig de Picasso
Via Laietana
Avinguda Marquès de l'Argentera
Passeig de Colom
Carrer de Wellington
Parc de la Ciutadella
Carrer de Llull
Carrer de Ramon Turró
Carrer del Doctor Trueta
Carrer del Taulat
Avinguda d'Icària
Carrer d'Àvila
C. de Marià Aguilló
Carrer de la Selva
CIUTADELLA VILA OLÍMPICA
Pg. de Circumval.lació
Carrer del Doctor Aiguader
Carrer de Salvador Espriu
Parc del Port Olímpic
Passeig de Calvell
Ronda del Litoral
Avinguda del Litoral
Passeig Marítim de la Mar Bella
Passeig Marítim de la Barceloneta
Port Olímpic
Port Vell
Platja de la Nova Icària
Platja del Bogatell
Platja de la Nova Mar
Platja de Sant Sebastià
1 Kilometer
38
39
40
42
43
44
45
47
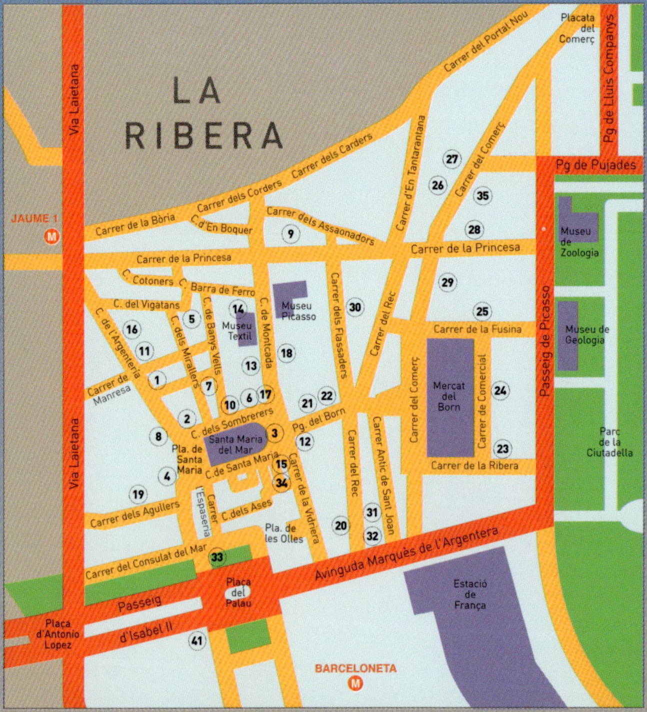
LA RIBERA
Via Laietana
JAUME 1
Carrer del Portal Nou
Placeta del Comerç
Pg de Lluís Companys
Pg de Pujades
Carrer dels Carders
Carrer dels Corders
Carrer de la Bòria
C. d'En Boquer
Carrer dels Assaonadors
Carrer d'En Tantarantana
Carrer del Comerç
Carrer de la Princesa
Museu de Zoologia
Museu de Geologia
C. Cotoners
C. Barra de Ferro
C. del Vigatans
C. de l'Argenteria
C. dels Mirallers
C. de Banys Vells
C. de Montcada
Museu Textil
Museu Picasso
Carrer dels Flassaders
Carrer del Rec
Carrer de la Fusina
Passeig de Picasso
Carrer de Manresa
C. dels Sombrerers
Mercat del Born
Carrer de Comercial
Pg. del Born
Santa Maria del Mar
Pla. de Santa Maria
C. de Santa Maria
Carrer de la Vidrieria
Carrer Antic de Sant Joan
Carrer de la Ribera
Parc de la Ciutadella
Carrer dels Agullers
C. dels Ases
Pla. de les Olles
Carrer de l'Espaseria
Carrer del Consulat del Mar
Plaça del Palau
Avinguda Marquès de l'Argentera
Estació de França
Plaça d'Antonio Lopez
Passeig d'Isabel II
BARCELONETA
1 2 3 4 5 6 7 8 9 10 11 12 13 14 15 16 17 18 19 20 21 22 23 24 25 26 27 28 29 30 31 32 33 34 35 41
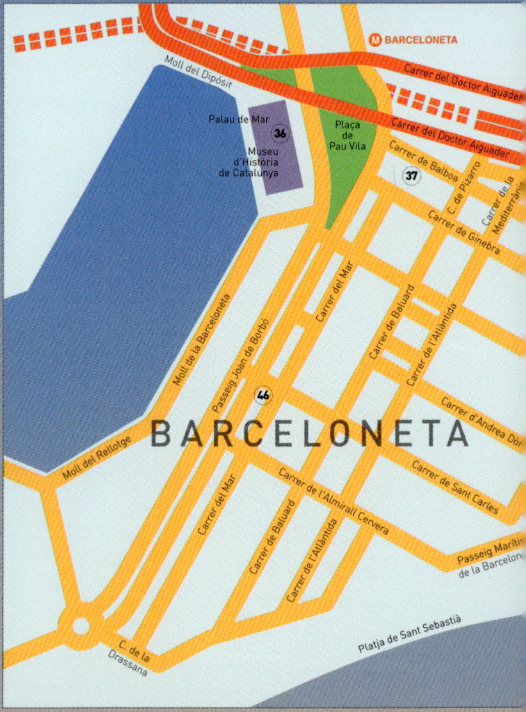
BARCELONETA
Moll del Dipòsit
Carrer del Doctor Aiguader
Palau de Mar
Museu d'Història de Catalunya
Plaça de Pau Vila
Carrer de Balboa
C. de Pizarro
Carrer de la Mediterrània
Carrer de Ginebra
Carrer del Mar
Carrer de Baluard
Carrer de l'Atlàntida
Moll de la Barceloneta
Passeig Joan de Borbó
Carrer d'Andrea Dòria
Carrer de Sant Carles
Moll del Rellotge
Carrer de l'Almirall Cervera
Passeig Marítim de la Barceloneta
C. de la Drassana
Platja de Sant Sebastià
36
37
46

Durch La Ribera zieht sich Barcelonas berühmteste mittelalterliche Straße, der Carrer de Montcada (S. 44), deren Residenzen seit dem 14. Jahrhundert für Adelsfamilien und wohlhabende Handelsherren gebaut wurden. Über Jahrhunderte hin, und zwar bis zur Entwicklung der Eixample, galt sie als die angesehenste Adresse der Stadt. Viele Paläste sind gut erhalten und beherbergen nun Kunstsammlungen wie das Picasso-Museum, in andere sind witzige Geschäfte eingezogen. Im Carrer residiert außerdem die einzige auf Barock gestylte Bar. Während der letzten Jahrzehnte etablierten sich in La Ribera viele Kunstschaffende, die niedrigen Mieten kamen ihnen für ihre »tallers« (Werkstätten) sehr entgegen. Obwohl die Immobilienpreise mittlerweile jäh in die Höhe geschnellt sind, blieb La Ribera bevorzugtes Quartier der Kreativen. Seit Mitte der 1990er-Jahre wurde die Gegend um den Passeig del Born eine der am schnellsten herausgeputzten und beliebtesten in Barcelona. Der Platz selbst war ursprünglich Turnierplatz. Als Gaudí zum Architekturstudium in die Stadt kam, lebte er um die Ecke (Placeta de Montcada, 12). Noch bis vor zehn Jahren jedoch war Born kein Brennpunkt, ganz im Gegensatz zu heute, wo rund um den Passeig lebhafte Bars und Clubs die Nachtschwärmer ins Viertel locken. Restaurants, Cafés und Boutiquen zogen nach, einige der besten und mutigsten Kochmützen kreieren hier die Trends katalanischer Cuisine. Doch der Born entging der Überkommerzialisierung – noch.

Barceloneta entstand auf einem im 18. Jh. angelegten Straßenraster, nachdem der verhasste Felipe V. bei einem seiner Versuche, Kontrolle über die widerspenstigen Katalanen zu erlangen, halb Ribera für den Bau einer Zitadelle hatte niederreißen lassen. Die Häuser wie ehedem dicht gedrängt entlang geradliniger Straßenfluchten, hat das Viertel den Charakter einer Fischersiedlung bewahrt. Die Spezialität seiner Restaurants und Bars ist meist der Ertrag der Netze. Es fällt nicht schwer, die touristischen Lokale, die die Strand- und Promenadensanierung auf den Plan brachte, zu umgehen. Nur ein paar Schritte weg vom Strand genügen schon.

Jenseits von Barceloneta und dem Olympiadorf liegt Poble Nou: weniger neu und schick, als es der Name vermuten ließe. Am meerwärtigen Ende der Avinguda Diagonal erstreckt sich das kommerziell vernachlässigte Viertel, wo Künstler, die sich das Barri Gòtic nicht mehr leisten können, ehemalige Fabrikgebäude beziehen. Pioniere sind auch die Impresarios der Clubszene im Oven (S. 51) – und waren es die Schweizer Architekten Herzog & De Meuron, als sie für den Weltkongress der Kultur »Forum 2004« ein spektakuläres Kongresszentrum (S. 51) konzipierten und damit dem aufstrebenden Poble Nou eine neue kulturelle Mitte schufen.

FANTASIEVOLL-BUNTE VIELFALT

1 Taller de Tapas

Carrer de l'Argenteria, 51

Frönen Sie einmal der nationalen Leidenschaft der Tapas in diesem eleganten Lokal. Welten entfernt von fetttriefenden *patatas bravas* stellt Taller de Tapas frische, schlichte und edel präsentierte Köstlichkeiten als Hauptgerichte en miniature zur Wahl. Wenn Sie die bunte Vielfalt der Häppchen normalen Hauptspeisen vorziehen, dann ist dieses neue Lokal die richtige Adresse. Die spanischen Klassiker haben andernorts ihren Platz, hier schickt man Sie auf eine fantastische kulinarische Reise.

MODISCHER NEUER LIEBLING

2 Hotel Banys Orientals

110

3 Església Santa Maria del Mar

Plaça de Santa Maria, 1/Passeig del Born

»Es gibt keinen großartigeren und feierlicheren architektonischen Raum in Spanien als Santa Maria del Mar«, schreibt der Kunstkritiker Robert Hughes. In der Tat: Obwohl wilde Ornamentik fast vollkommen fehlt – oder vielleicht gerade deshalb –, verströmt der Kirchenraum einen Zauber, als ob das wunderschöne Gewölbe sich der überirdischen Welt geöffnet hätte. Vollendet im Jahr 1383 (nur 60 Jahre nach Baubeginn), verkörpert Santa Maria del Mar die katalanische Gotik in Perfektion: massive, kantige Säulen, die sich in stützende Bänder des Gewölbes auffächern, der Kontrast von schwerem Stein und einer nach oben hin immer feineren Struktur, die die Illusion unendlicher Höhe heraufbeschwört. Die Tatsache, dass der Bürgerkrieg ihre barocke Ausstattung zerstörte, schmälert nicht im Geringsten die wundervolle Wirkung des Raums, den die bunten, aus Hunderttausenden kleinster Glasfelder bestehenden Fenster in ein sanftes Licht tauchen.

WEIN UND SNACKS

4 La Vinya del Senyor

147

GÖTTLICHE GEWÄNDER

5 Natalie Capell

166

FUTURISTISCHE STOFFLICHKEIT

6 Konrad Muhr

Carrer dels Sombrerers, 25

Einen Steinwurf vom Carrer de Montcada (S. 44) präsentiert sich der Designer Toni Morral, alias Konrad Muhr, voller Leidenschaft und Überzeugung als Mann der Zukunft: mit coolem City-Style für Männer und Frauen in den abgefahrensten Materialien wie Kevlar, Neopren und Variationen von Kunststoff sowie in Leder und Fischnetz. Er verwendet auch Stoffe aus Naturfasern, aber die meisten Stücke haben einen leicht steifen Look. Einige Artikel in dieser einzigen Boutique von Toni Morral sind Unikate, signiert und nummeriert vom Designer selbst, der Spaniens Berühmtheiten eingekleidet hat und regelmäßig über Mode und Kultur schreibt.

ALTER WEIN IN ALTEN GEWÖLBEN

7 Va de Vi

Carrer dels Banys Vells, 16

Die jahrhundertealten Steingewölbe mancher Gebäude in La Ribera sind ideale Weinkeller. Geschickt integrierte der örtliche Künstler Josep Maria Cases Elemente wie eine gläserne Bar und ultramoderne Lampen in die Gewölbe aus dem 16. Jh. und kreierte damit ein einladendes und doch gestyltes Barambiente. Es gibt ausreichend Platz, um im Stehen oder an einem der Tische einen der unzähligen Weine zu kosten, denen Cases' Leidenschaft gehört und die ihn vor einigen Jahren zu diesem Abenteuer »Kneipe« veranlasst haben. Unter den offenen Roten hinterlässt der Traslanzas Tempranillo de Cigalés einen bleibenden Eindruck. Aber Wein ist nicht das wichtigste Thema für Cases: Er verkauft auch delikate Kleinigkeiten mit besonders sorgsam hergestellten Zutaten: Schinken, Salami und Würste von Iberischen Schweinen, die mit Eicheln gemästet werden, katalanische und andere spanische Käse sowie geräucherten und anderweitig konservierten Fisch.

UNTERRICHT FÜR GOURMETS

8 Hofmann

131

DESIGNER-»OUTLET«

9 On Land

172

GERÖSTETE GENÜSSE

10 E & A Gispert

174

WEBWUNDER

11 Estudi Tèxtil del Born

Carrer del Brosolí, 1, local 4

Anna Vilafrancas kleines Laden-Atelier hat so viel Charakter und handwerkliche Originalität wie das jahrhundertealte Gebäude, in dem sie arbeitet. Sie fertigt an ihrem Webstuhl die reizvollsten Stoffe für Schals, Stolen, Jacken und Röcke, die sie effektvoll vor den rauen Natursteinwänden dekoriert. Wolle, Baumwolle und Seide dominieren die Winterkollektion, im Sommer stehen Leinen und Ramie im Vordergrund. Ebenso webt sie Juteteppiche und färbt viele Stoffe selbst. Barcelona war immer für seine Textilien berühmt, und heute gehört Anna Vilafranca zu seinen kreativsten Talenten.

HANDGEMALTE ACCESSOIRES

12 Atalanta Manufactura

Passeig del Born, 10

In Barcelona, das so stolz ist auf seine Handwerkskunst, verschmelzen Kunst und Mode in vollendeter Harmonie. Bildschöne handgemalte Muster für Seidenschals, Taschentücher, Westen und Stoffe entstehen in diesem Atelier, während sie eine Boutique direkt an eine begeisterte Kundschaft verkauft. Durch ein Fenster zur Werkstätte hin kann man die Künstler bei ihrer Arbeit beobachten. Kunstgeschichtliche Objekte (Gemälde, Skulpturen), die für gewisse Motive Pate standen, oder spielerisch arrangierte Kunst findet man hier im unmittelbaren Nebeneinander mit den fertigen Produkten.

COOLER CAVA, KLASSISCHE TAPAS

13 El Xampanyet

Carrer de Montcada, 22

Der Name lenkt durchaus in die richtige Richtung: Diese »Bar« ist stadtbekannt für ihren Cava. Aber in Spanien knüpft sich an den feinherben perlenden Wein (in der Regel nach dem Champagnerverfahren hergestellt) nicht derselbe Prestigewirbel wie in anderen Ländern. Die farbenfrohen Wandfliesen, Fässchen mit allerlei Flaschenöffnermodellen, das schon etwas abgenutzte Mobiliar und die typische Auswahl der am Tresen bereitstehenden Tapas (inklusive der göttlichen Anchovis – *anchoves* – in einer berühmten Sauce nach Geheimrezept) tragen bei zu der legeren, gemütlichen Atmosphäre, die den Familienbetrieb bekannt und beliebt machte. Die Drinks sind das optimale Heilmittel gegen alles – einschließlich der Massen, die den Carrer de Montcada verstopfen.

FRISCH UND FREUNDLICH

14 Tèxtil Café

Carrer de Montcada, 12

Das kleine Café im restaurierten Innenhof des Palau dels Marqueses de Llió, in dem das Textilmuseum schöne Räume bezog, ist ein sympathischer moderner Ort, um sich nach Museumsstress einen Kaffee, Tee und Sandwiches zu gönnen oder ein schmackhaftes Tagesgericht zu Mittag oder auch abends. Kunst und Objekte hinter Glas brechen die Nüchternheit der Steingewölbe und des von hohen Mauern umrahmten Hofes. Man fühlt sich inspiriert von der energiegeladenen Atmosphäre des bei Touristen sehr populären Viertels, ohne dass Kitsch und Banalität die Oberhand gewinnen.

MEISTER DER ACCESSOIRES

15 Rafa Teja Atelier

Carrer de Santa Maria, 18

Rafa Teja gewann sich die Gunst aller Liebhaberinnen tragbarer Textilkunst mit handgefertigten Stolen, Schals, Taschen und Maxischultertüchern in einer wunderbaren Vielfalt von Webarten, Farben und Strukturen, vom simpelsten Strickstoff bis zum luxuriösesten Angoraflausch. Obwohl im Laden ein Sortiment chinesischer Seidenjacken hängt, sind Tejas eigene Webkreationen in kräftigen Farben die wirklichen Renner. Robuste, modische Wollfilztaschen mit Henkeln aus Holz oder Horn haben ebenso den individuellen handwerklichen Reiz.

SALONFÄHIG FUNKY

16 Como Agua de Mayo

167

ANGEWANDTE KUNST

17 Montcada Taller

Placeta de Montcada, 10 bis

An der Ecke von Carrer de Montcada und Sombrerers gelegen, konzentriert Montcada Taller, ähnlich wie Estudi Tèxtil del Born (s. oben), die kreative Aura dieses Barceloneser Viertels. Wenn Sie ein Faible für Stoffe und Gestricktes, handgearbeiteten Schmuck, Keramik und Glas haben, dann darf dieses Geschäft auf Ihrem Ribera-Bummel genauso wenig fehlen wie das Museu Picasso. Die ausgestellten Arbeiten stammen alle von jungen Künstlern und Designern entweder aus Barcelona oder anderen Teilen Spaniens; viele von ihnen studieren auch an den Designakademien ganz in der Nähe.

¿QUIERES QUE ABRAMOS
PARA TI? JUNTOS PODEMOS
ORGANIZAR FIESTAS PARTICULARES
Y DE EMPRESA U OTROS EVENTOS...
Francia afirma que aún hay fugas de fuel del "Prestige"

Maker's Mark

SCHÄTZE DER VERGANGENHEIT

18 Carrer de Montcada

- Galeria Maeght, Nr. 25
- Espai Barroc, Nr. 20
- Papers Coma, Nr. 20
- Museu Picasso, Nr. 15–23
- Museu Tèxtil i d'Indumentària, Nr. 12–14

Es ist unmöglich, diese enge historische Gasse und den Strom der Touristen, der ständig das Picasso-Museum umkreist, zu übersehen. Aber der Carrer de Montcada lohnt den kurzen Spaziergang. Er ist einer der besterhaltenen mittelalterlichen Straßenzüge, da er bis zum Entstehen der Eixample im 19. Jh. Barcelonas erste Adresse war. Die dreistöckigen Gebäude mit den breiten Toreinfahrten und großzügigen Innenhöfen ließen sich einst die Granden der Stadt errichten. Einige wurden von kulturellen Institutionen übernommen, in anderen bezogen Lokale altehrwürdiges Gemäuer. Auf Nr. 25 residiert die exklusive Galeria Maeght, spezialisiert auf Meister des 20. Jhs. Der Palau Dalmases, Nr. 20, ist eine der nobelsten Residenzen: Adresse der Performance-Bar Espai Barroc, die ein verrückt-bizarres Ambiente barocker Kunst, Einrichtung und Musik zelebriert. Nur zu leicht übersieht man Papers Coma in dem Wust der Galerien und Boutiquen entlang der historischen Meile. Dabei umfasst das Sortiment an Papier – in besonderer Weise gefaltet, geflochten, gefärbt oder mit einzelnen bunten Fasern gepresst – derart Ungewöhnliches, dass es einen näheren Blick wert ist, zumal die Farben weit entfernt sind von der gewohnten Palette. Notizbücher und Verpackungen sind weitere reizvolle Artikel.

Das großartige Museu Picasso ist Barcelonas touristischer Dauerbrenner und umfasst inzwischen fünf Paläste. Der Eingang befindet sich im noblen Palau Berenguer d'Aguilar, mit seinen Patioarkaden ein Musterbeispiel der Adelsresidenzen vor einem halben Jahrtausend (die Restaurierung leiteten Enric Sòria und Jordi Garcés). Auch wenn in den Museumsräumen der alte Baukörper kaum sichtbar wird, so unterstreicht er doch das Kunsterlebnis; großer Museumsshop und Café.

Nr. 12 sollte man sich wegen des Museu Tèxtil i d'Indumentària merken. Kleidung und Prunkgewänder aus zwei Jahrtausenden erzählen von Barcelonas bedeutender Rolle als Textilstadt. Ein nettes Café (S. 42) sowie eine Boutique mit Kunsthandwerklichem wurden einfühlsam in den Gebäudekomplex integriert.

VERZÜCKUNG DER ÖNOPHILEN

19 Vila Viniteca

173

SALA NIL

17'10€

DAS SALZ IN DER SUPPE

20 Salero

Carrer del Rec, 60

Das weiß in weiße Dekor von Innenarchitektin Pilar Líbano ist nicht das einzige Unterscheidungsmerkmal des Salero im Vergleich zum bunteren Restaurant Àbac gegenüber. Trotz bester Stilnoten tritt Salero nicht in derselben Kategorie der Spitzencuisine und -preise an. Dennoch ist es beliebt in der Mode- und Medienbranche und hat sein angenehm heterogenes Stammpublikum. So verbucht es Erfolge mit pionierhafter Fusion-Cuisine, die exotisch-japanische Elemente wie Seetang und eine Känguru-Vorspeise auftischt, pflegt daneben aber die katalanischen Basics mit Fisch und Meeresfrüchten. Die Weinkarte hat ihren Schwerpunkt bei spanischen Kreszenzen. Geöffnet bereits zum Frühstück und auch zum Nachmittagstee ebenso wie zum späten Dinner, ist das Salero ein kulinarischer Szenetreff.

GEBURT DES COOLEN

21 Passeig del Born

- La Miramelindo, Nr. 15
- La Cocotte, Nr. 16

Wenn Sie im Osten des Platzes Ihren Spaziergang beginnen, um dann in Richtung Santa Maria über den ehemaligen Turnierplatz zu laufen, wo heute Platanen ihren Schatten werfen, sticht als Erstes eine riesige Metallstruktur ins Auge: das Skelett des ehemaligen lokalen Lebensmittelmarktes von Josep Fontserè. Auch dieses Gebäude erfährt wie das gesamte Viertel eine langwierige Sanierung. In westlicher Richtung passiert man gute alte Bekannte wie Pitín Bar (S. 148), das kubanisch angehauchte Miramelindo (auf Nr. 15), das schon vor der Born-Renaissance sein Publikum hatte, und schließlich Plastic Bar (S. 148) mit seinen futuristischen Extravaganzen. Wenn es noch zu früh für einen coolen Drink ist, dann könnte La Cocotte das Richtige sein – ganz im Stil eines New-York-Diners für einen Snack oder als Take-away. Man wirbt mit internationaler Küche, aber eigentlich haben Interieur, Lage und die vibrierende Stimmung das Lokal zu einem Renner werden lassen.

ÜBERALL PARTY

22 Bars am Passeig del Born

148

MODISCHE EXTRAVAGANZEN

23 Lobby

163

DAS MEER LÄSST GRÜSSEN

24 La Paradeta

Carrer de Comercial, 7

Seit mehr als 15 Jahren ist der Chilene Gregorio Castro im Geschäft, und dennoch steht er jeden Morgen um vier Uhr auf, um die Lieferungen von Fisch, Muscheln und Krebstieren entgegenzunehmen. Castros drittes Restaurant liegt hinter dem Mercat del Born. Wie bei einem der traditionellen Fischhändler steht der Fang des Tages in Plastikwannen auf Eis gebettet am Eingang. Wählen Sie gleich hier nach Lust und Laune aus. Die guten Geister der Küche übernehmen das Wiegen und werden einen Vorschlag für die aromatischste Art der Zubereitung unterbreiten. In der Palette regionaler Weine findet sich immer auch das Passende, um »Ihr« Gericht abzurunden, das man Ihnen nur kurze Zeit später dampfend und duftend über die Theke reichen wird.

MULTIMEDIALER TRENDSETTER

25 Galeria Metrònom

Carrer de la Fusina

Die alteingesessene Galerie ist auch eine der avantgardistischsten. Der moderne Kunstraum präsentiert junge Talente und fungiert gleichzeitig als Musikstudio für Produktionen lokaler wie internationaler Up-and-coming-Stars. Künstler wie Mabel Palacin, Txomin Badiola und Phil Niblock haben im Metrònom ihre Spuren hinterlassen, wo multimediale Projekte mit Kunstinstallationen, Fotografie, Videokunst, Film, Musik, Tanz und Performance ein viel beachtetes Forum haben.

GESCHICHTE MIT SCHOKOGLASUR

26 Museu de la Xocolata

Plaça de Pons i Clerch

In dieser schokoladeverrückten Stadt existiert ein Instituto del Cacao y del Chocolate, aber das Gremi Provincial de Pastisseria de Barcelona (Verband der Konditoren) hat dieses faszinierende Museum eingerichtet. Die Räume grenzen direkt an die Schokoladenproduktion der Kochakademie und dokumentieren Geschichte und Verarbeitung der Kakaobohne sowie deren unglaubliche Beliebtheit. Erfahren Sie, wie Hernán Cortés 1519 das *xocolatl* genannte Exotikgetränk aus Mexiko nach Europa brachte oder welche medizinischen Wirkstoffe Kakao (etwa als Aphrodisiakum) besitzt. Angeschlossen ist ein reizender Laden mit süßen Geschenken und Literatur zu schokoladigen Themen. Und verwöhnen Sie sich mit einer duftenden Tasse an der Bar.

DIE PERFEKTION DER KÜSCHENKUNST

27 Comerç 24

133

KAPITULATION VOR DER SÜSSE

28 Espai Sucre

135

JUNGE WILDE

29 Bestiari

Carrer del Comerç, 25

»Keith Haring meets Picasso« könnte man den Stil der Wandgemälde in ihren leuchtenden Primärfarben definieren. Sie sind das Werk von Carlos Vaonza, einem Mitglied der in Madrid beheimateten Künstlergruppe Beozar, die sich Barcelona als Ort für das Experiment wählte, ihr künstlerisches Potenzial mit kulinarischem Pioniergeist zu verschmelzen. Erst 2002 eröffnet, profitiert Bestiari von einer idealen Lage inmitten eines Viertels, das sich zum urbanen Dreh- und Angelpunkt der hippen Szene entwickelt hat. Chef Javier Garcia komponiert eine mediterrane Fusion-Cuisine mit eigener Handschrift. Und auch die »Handschrift« der Wände wechselt fortwährend, da regelmäßige Ausstellungen zeitgenössischer Kunst stattfinden.

DELIKATESSEN VON RANG

30 Montiel

Carrer dels Flassaders, 18

Dieses noch junge Feinkostgeschäft erfüllt mit seinem Sortiment erlesenst ausgewählter und liebevoll zubereiteter Delikatessen höchste Erwartungen. Darüber hinaus erwarb sich Montiel auch im Viertel einen hervorragenden Ruf, und zwar durch die Organisation abendlicher Verkostungen in eigenen Räumen – auch dies ein Beweis für den Enthusiasmus der Besitzer in Sachen feiner Speisen und bester Zutaten.

MODERNE KLASSIK

31 Àbac

128

RENAISSANCE DER KÜHLE

32 Park Hotel

116

VERLASS AUF DEN CHEF

33 Passadís del Pep

126

STOLZ AUF KATALONIEN

34 Orignes 99,9 %

Carrer de la Vidrieria, 6–8

Bereits der Name verrät es – dieses Tapas-Lokal mit Delikatessengeschäft ist ein zu 99,9 Prozent katalanischer Ort (lediglich dic üblichen Erfrischungsgetränke schlagen mit 0,1 Prozent zu Buche). Hier hält man die Fahne der regionalen Küche haushoch. Nutzen Sie die kurze Zeit des Wartens auf Ihren Tisch, um einen Blick auf die feinen Käsesorten, Olivenöle und Anchovis in der Verkaufstheke zu werfen oder ein Glas des heimischen Cava zu kosten. Später die Karte vor Augen, können Sie eintauchen in vegetarische Genüsse – als kleine Tapas oder auch in der Fülle eines Hauptgangs. Denken Sie daran: Das Restaurant ist nur mittags geöffnet.

MUSIK UND LEIDENSCHAFT

35 Iguapop Gallery & Shop

161

HAFENFLAIR MIT HISTORISCHER NOTE

36 La Miranda del Museu

147

DIE KLASSISCHE BIERKNEIPE

37 El Vaso de Oro

157

HÖHENFLÜGE DER CUISINE

38 Torre d'Alta Mar

139

TIERISCH GUT

39 Bestial

137

SAND UND GUTE LAUNE

40 Platja del Bogatell

Passeig Marítim del Bogatell

Im Zuge der olympischen Wiederbelebung der Küste seit den 1980ern hat man Barcelonas Stränden neues Leben eingehaucht. Einheimische verbringen bevorzugt die Sonnenstunden der Wochenenden am Wasser, Touristen kühlen dort nach Pflastermärschen beglückt die Füße. Breit und sandig, jede Menge Erfrischungsstände in nächster Nähe, bieten die Strände Erholung pur. An der Platja del Bogatell verebbt der Rummel der zentraleren Strandbuchten, es wird angenehm ruhig.

EL QVEXIGAL
MIEL DE EUCALIPTUS
EL QVEXIGAL
EL QVEXIGAL
EL QVEXIGAL
monthel

1903

RESTAURANT 7 PORTES

TÜREN VON RANG

41 Restaurant Set (7) Portes

Passeig d'Isabel II, 14

Seit 1836 schwingen die Türen unter den Kolonnaden am Pla del Palau. Set Portes ist das älteste Restaurant der Stadt und hat seither nichts an Attraktivität verloren. Durch die von weißen Vorhängen gerahmten Fenster entdeckt man ein klassisch-bürgerliches Speiselokal. Förmlich gekleidet servieren die Kellner traditionelle Reis- und Meeresfrüchtegerichte, darunter die Spezialitäten des Hauses: *paella de Parellada, gran plato de mariscos* (Meeresfrüchteplatte) und *botifarra* (katalanische Wurst). Außerdem findet man auf der Karte Pasta und andere Zugeständnisse an das touristische Publikum, welches die Küche von Josep Lladonosa anlockt. Wenn Sie sich an katalanische Klassiker halten, können Sie Topqualität erwarten.

DER HEISSESTE, ANGESAGTESTE »OFEN«

42 Oven

Carrer de Ramon Turró, 126

Verdammt schwer, hier cool zu bleiben. Oven ist ein ausgedehnter Komplex von Restaurant, Bar, Chill-out-Bereich, Ausstellungszone und Garten. Inmitten des kühlen Warenlagerambientes der Gegend vermittelt der rot glühende »Ofen« eine Atmosphäre der Privatheit rund um die Tische, an denen serviert wird. Ferner ist Oven ein Ort der Design-Innovationen. Selbst wenn das Essen nicht so herausragend wäre, gäbe es ausreichend Gründe, ins Poble Nou zu fahren. Es ist fantastisch, hier spätabends einen Drink zu schlürfen (geöffnet von Donnerstag bis Sonntag bis 3.30 Uhr) oder Musik zu hören: live oder »getoastet« von dem DJ-Couple De Lippo und Professor Angel Dust. Oven ist ihr Baby, und wenn sie nicht gerade hier sind, hat man eine gute Chance, sie im La Paloma (S. 67) im Einsatz zu sehen.

STRANDDESIGN

43 Sal Café

Passeig Marítim de la Barceloneta

Genuss pur, einen dieser langen, verträumten Sommerabende in diesem gestylten neuen Club am Strand zu verbringen. Hinter riesigen Fensterscheiben, die ein großartiges Meerespanorama eröffnen, sitzt man selbst an Sturmtagen behaglich bei Wein und einem der mediterranen Fusion-Gerichte. Das coole Interieur ist zugleich Kulisse gefragter DJ-Sessions bis drei Uhr morgens jeweils Mittwoch bis Sonntag.

MEERESFRÜCHTE UND VORZÜGLICH SÜSSES

44 Xiringuito Escribà

Litoral Mar, 42 (Platja del Bogatell)

Zum Land hin war der Strand einst gespickt mit windschiefen *xiringuitos* (Freiluftrestaurants), ehe die große Strandsäuberung sie hinwegfegte. Geblieben ist eines der besten, die Edelversion mit verglasten Wänden. Fabelhafte Desserts wecken beim ersten Blick auf die Karte Begeisterung, aber beginnen Sie mit Produkten des Meeres. Köstlich die Tapas-Teller für mehrere Personen, *bacallà, arroz negro de tinta de sepia* und andere Meeresklassiker. In der offenen Küche hantieren die Köche mit Pfannen für *fideuà* oder *paella* randvoll mit Krabben und Muscheln. Die *paella* erfordert 20 Minuten Wartezeit – wahre Folter, wenn man zusehen muss, wie die Reispfanne bis zur Perfektion langsam köchelt.

ZU HAUSE AUF DEM BAUERNHOF

45 El Rancho Grande

133

ALTERTÜMLICH SYMPATHISCHER GLANZ

46 Can Solé

Carrer de Sant Carles, 4

Gründungsjahr: 1903. Ein kurzer Blick verrät, dass das Haus in all der Zeit geliebt und gepflegt wurde. Die Atmosphäre ist förmlich und dennoch freundlich, die Mehrzahl der Gäste gut gekleidete Einheimische, die wieder und wieder wegen der wunderbar frischen Meeresfrüchte in der Paella, den Grillgerichten und Suppen der Innenstadt den Rücken kehren. Fragen Sie nach den Empfehlungen des Tages. Der Hafenblick ist die perfekte Ergänzung des kulinarischen Erlebnisses.

BÜHNE FÜR ALLE

47 Forum

Avinguda Diagonal

Der Kreativität von Jaques Herzog und Pierre de Meuron verdankt Barcelona sein Forum. Der Kulturkomplex hat im Jahr seiner Eröffnung 2004 zu einer gleichnamigen Veranstaltung Tausende von Besuchern aus aller Welt angezogen und erfreut sich seither ungebrochener Popularität. Die Schweizer Architekten gestalteten einen öffentlichen Platz, wo der Blick übers Meer schweift, sowie ein Kongresszentrum mit Ausstellungsräumen, Restaurants und Auditorium. Von ferne gesehen zeigt der dreieckige Bau mit je einer Spitze zum Meer und zur Stadt, wird zur symbolischen Klammer der beiden.

El Raval
Montjuïc

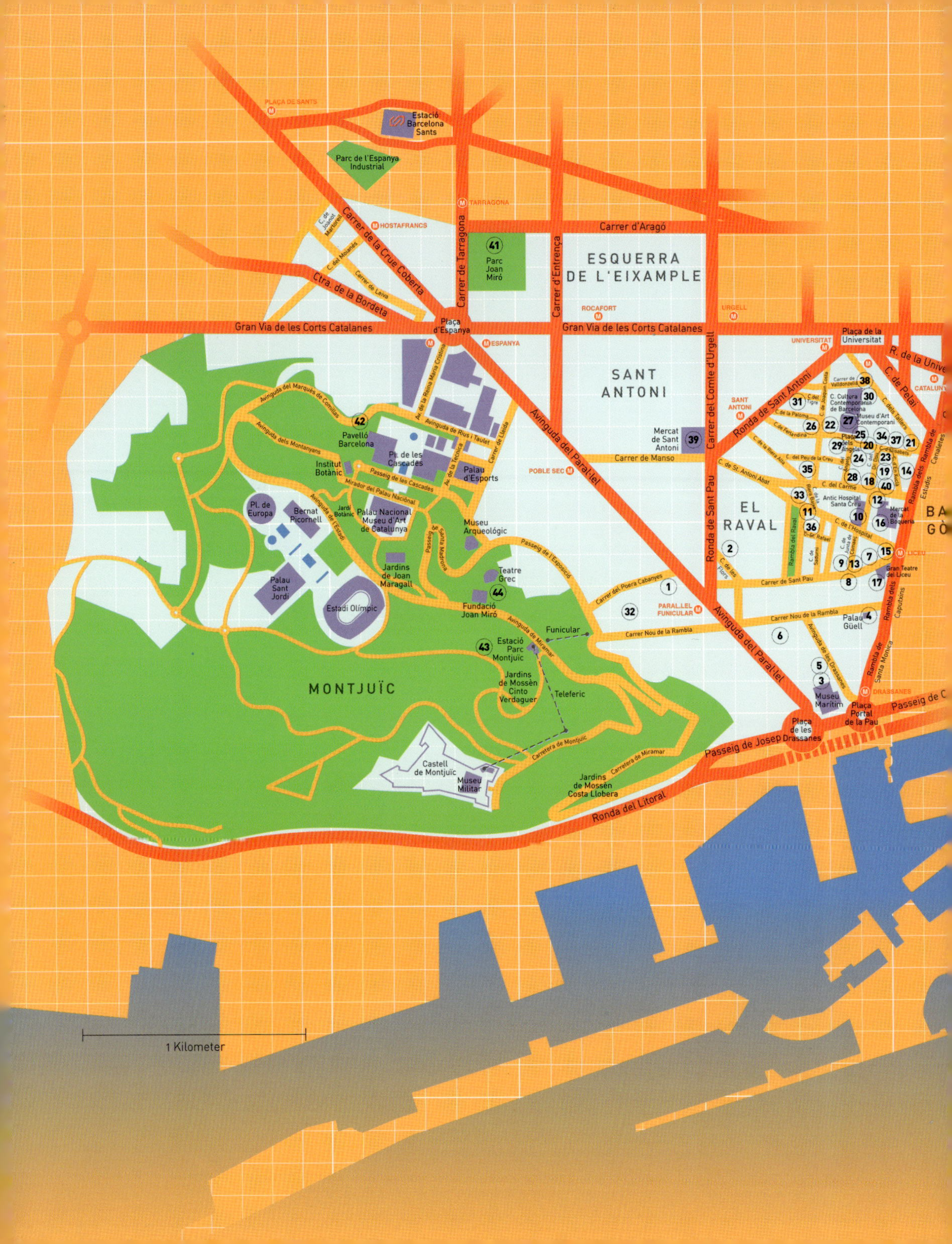
Plaça de Sants
Estació Barcelona Sants
Parc de l'Espanya Industrial
Tarragona
Hostafrancs
C. de Joanot Martorell
C. del Moianès
Carrer de la Creu Coberta
Carrer de Leiva
Ctra. de la Bordeta
Carrer de Tarragona
41
Parc Joan Miró
Carrer d'Aragó
Carrer d'Entença
ESQUERRA DE L'EIXAMPLE
Rocafort
Urgell
Gran Via de les Corts Catalanes
Plaça d'Espanya
Espanya
Universitat
Plaça de la Universitat
R. de la Unive
C. de Pelai
Catalunya
SANT ANTONI
Sant Antoni
Ronda de Sant Antoni
Carrer del Comte d'Urgell
Mercat de Sant Antoni
39
Carrer de Manso
Poble Sec
Avinguda del Paral·lel
Ronda de Sant Pau
EL RAVAL
Avinguda del Marquès de Comillas
Avinguda dels Montanyans
42
Pavelló Barcelona
Av. de la Reina Maria Cristina
Avinguda de Rius i Taulet
Pl. de les Cascades
Passeig de les Cascades
Institut Botànic
Mirador del Palau Nacional
Av. de la Tècnica
Carrer de Lleida
Palau d'Esports
Pl. de Europa
Bernat Picornell
Avinguda de l'Estadi
Jardí Botànic
Palau Nacional Museu d'Art de Catalunya
Museu Arqueològic
Passeig de Santa Madrona
Jardins de Joan Maragall
Passeig de l'Exposició
Teatre Grec
44
Fundació Joan Miró
Palau Sant Jordi
Estadi Olímpic
Carrer del Poeta Cabanyes
1
32
Paral.lel Funicular
Funicular
Avinguda de Miramar
43
Estació Parc Montjuïc
Carrer Nou de la Rambla
MONTJUÏC
Jardins de Mossèn Cinto Verdaguer
Teleferic
Carretera de Montjuïc
Castell de Montjuïc
Museu Militar
Carretera de Miramar
Jardins de Mossèn Costa Llobera
Ronda del Litoral
Passeig de Josep Carner
Plaça de les Drassanes
Museu Marítim
Plaça Portal de la Pau
Passeig de C
Drassanes
Avinguda de les Drassanes
Rambla de Santa Mònica
Palau Güell
Rambla dels Caputxins
Liceu
Gran Teatre del Liceu
Carrer de Sant Pau
C. de les Flors
Rambla del Raval
C. de l'Hospital
Antic Hospital Santa Creu
Mercat de la Boqueria
C. del Carme
C. de St. Antoni Abat
C. de la Riera Alta
C. del Peu de la Creu
C. de Ferlandina
C. de la Paloma
C. del Tigre
C. Cultura Contemporània de Barcelona
Museu d'Art Contemporani
Plaça dels Àngels
C. dels Tallers
Rambla de Canaletes
Rambla dels Estudis
BA
GÒ
2
3
4
5
6
7
8
9
10
11
12
13
14
15
16
17
18
19
20
21
22
23
24
25
26
27
28
29
30
31
33
34
35
36
37
38
40
1 Kilometer

Obwohl der Boulevard, der Barcelonas mittelalterlichen Kern im Westen begrenzt, über Jahrhunderte außerhalb der Stadt lag, hat er eine glückliche Renaissance erlebt: Les Rambles. Die eineinhalb Kilometer lange Promenade im Schatten mächtiger Platanen entstand im 18. Jahrhundert und hat fünf Teilabschnitte, deren Namen die Geschichte aufblättern. Die Rambles (span. Ramblas) waren der Treffpunkt der Intellektuellen, der Literaten und Künstler, ehe sie vernachlässigt wurden. Aber auch sie rückte die Stadterneuerung zu den Olympischen Spielen 1992 in ein glanzvolles Licht. Sie sind der erste Anlaufpunkt aller Reisenden (und damit auch der Straßenkünstler und Taschendiebe), und ihre Anziehungskraft als Drehscheibe der Stadt ist unleugbar. In ihrer Blüte glichen die Rambles einem Schaufenster des Wohlstands, den die industrielle Entwicklung mehrte. Zeugen jener Zeit sind noch die Modernisme-Fassaden des Escribà (S. 145), des »königlichen« Palau Güell (S. 57) nach den Entwürfen von Antoni Gaudí und die Rekonstruktion des ursprünglich im 19. Jahrhundert errichteten Gran Teatre del Liceu (S. 61).

Das Viertel Raval westlich der Rambles war bekannt für seine Klöster, die zum Teil im 19. Jahrhundert niedergerissen oder anderweitiger Nutzung zugeführt wurden. Auch der grandiose Markt La Boqueria (S. 61) fand seinen Platz auf klösterlichem Areal. Zu Picassos Zeiten war Raval der Inbegriff des Lasters, der Prostitution, der Säufer und Landstreicher. Der Zauberstab der Stadtsanierung hat Ecken zum Funkeln gebracht, geblieben sind der multiethnische Charakter, die jugendliche Energie und Kreativität. In dieser Stimmung des Aufbruchs drängt neues Design ins Quartier, gefördert durch den bahnbrechenden Richard-Meier-Bau des Museums für zeitgenössische Kunst (MACBA, S. 65) und das Zentrum für Kultur der Gegenwart (CCCB) in der Casa de la Caritat (1802) nebenan. Entlang von Plaça und Carrer dels Àngels etablierten sich Galerien und ambitionierte Bar-Restaurants. Weiterhin boomen die alten Hangouts, Tanz- und Speiselokale, jung durch das studentische Publikum der nahen Universität und noch eine Spur verwegen und verrucht.

Weiter im Südwesten der Stadt erreicht man nach kurzer Fahrt mit der Standseilbahn den Gipfel des Montjuïc, von dessen Fuß das Häusermeer schon Besitz ergriffen hat. Der Berg Jupiters oder der Juden (je nach Interpretation des Namens) erwies sich als optimales Präsentationsforum zur Weltausstellung 1929 und abermals für die Olympischen Spiele 1992. Mit dem Mies-van-der-Rohe-Pavillon, der Fundació Miró und dem Museu d'Art de Catalunya, die von Parks umgeben sind, entstand auf dem Montjuïc eine Kapitale der Kultur innerhalb Barcelonas.

KATALANISCHES FEST DER HÄPPCHEN

1 Quimet i Quimet

Carrer del Poeta Cabanyes, 25

Generationen erinnern sich, bei Quimet zu einem Tapas-Lunch eingekehrt zu sein. Heute stehen Sohn und Tochter der Besitzer hinter dem Tresen – aber manchmal schafft man es kaum bis dorthin. Spezialitäten des Hauses sind Portionen von kaltem Fleisch oder Fisch (z. B. Lachs), geräuchert oder anderweitig verfeinert, *tostadas* mit Tomate, Miesmuscheln und Kaviar sowie eingelegte Fischchen, Bohnen, Oliven und Chilis. Vieles davon können Sie auch in Dosen abgepackt am Tresen kaufen. Spülen Sie die Genüsse langsam mit einem kühlen Glas Cava hinunter – auch dieses werden Ihnen die Stammgäste gerne vom Tresen herüberreichen.

KÜCHE DER KÖNIGE

2 Ca l'Isidre

141

SEEMANNSGARN

3 Museu Marítim

Avinguda de les Drassanes

Weiter vom Meer entfernt als früher steht am Port Vell, dem alten Hafen, eines der schönsten Beispiele gotischer Profanarchitektur Europas. Die *Drassanes Reials,* die königlichen Werften, wurden zwischen 1203 und 1390 errichtet und bis ins 17. Jh. für die Konstruktion und Wartung der katalanisch-aragonesischen Flotte genutzt. Der Komplex gotischer Hallen ist der besterhaltene dieser Art im Mittelmeerraum. Seit 1937 beherbergen die palasthohen Raumfluchten das Meeresmuseum, eine begeisternde Dokumentation der engen Verbindung zwischen Stadt und Meer. Eines der Prunkstücke der Ausstellung ist die exakte Kopie der königlichen Galeere von Juan de Austria, die zum 400. Jahrestag der Seeschlacht von Lepanto (bei der Juan de Austria siegte) gebaut wurde. In maritimem Ambiente bewirten auch das angeschlossene Restaurant und Café (S. 57).

GAUDÍS AUFSTIEG

4 Palau Güell

Carrer Nou de la Rambla, 3–5

Gaudí hatte 1885 gerade ein Torhaus für das Anwesen seines Freundes Don Eusebi Güell in Pedralbes fertiggestellt, als dieser ihn mit einem Stadthaus im unteren Raval beauftragte – eine ungewöhnliche Standortwahl, da auch damals die Gegend eher für Prostitution bekannt war als für Bürgerpaläste. Der Großindustrielle war ein Mäzen der Kunst, und im Hinblick auf die Weltausstellung 1888 sollte das Gebäude eine Manifestation der Kunst werden. Gaudís Wechselspiel von Ordnung und Fantasie übertraf alle Erwartungen: zum einen symmetrische Gewölbebögen und eine klare Anordnung der Räume, zum andern Schmiedeeisenzier und Lüftungsschächte in der Form organischer Gebilde. Das Gebäude besitzt alle Räumlichkeiten, die man in der Villa eines Mitglieds der Elite erwartete, aber in gaudíschem Stilmix von Gotik, Mudéjar-Kunst und Barock.

RENAISSANCE DER GOTISCHEN WERFT

5 Drassanes + Spiritual Café

Avinguda de les Drassanes

Nur wenige Minuten westlich der Plaça Portal de la Pau am meerwärtigen Ende der Rambles etablierten sich neben dem Museu Marítim in gleichfalls gotischen Werfthallen zwei gastronomische Adressen: Spiritual Café und Drassanes. Letzteres ein Restaurant, offeriert es nicht nur den Museumsbesuchern eine üppige Mittagskarte, sondern bekocht auch die Abendgäste auf der Terrasse des Spiritual Café mit vegetarischen Gerichten (in einer etwas schlichteren Version, als sie im Restaurant drinnen angeboten wird). Wer abends im Freien sitzt, wird bald die Sitzpolster schätzen, insbesondere wenn man zu einer der vielen Veranstaltungen bleibt. Theateraufführungen, literarische Lesungen, Jongleure, Flamencotänzer und Nächte mit Technomusik unterstreichen die lebendige Atmosphäre des schönen Cafés.

KITSCH UND FABELHAFTES

6 La Concha

Carrer Guardia, 14

Wer denkt, die Rambles hätten nur dann ein authentisches Leben, wenn die Horden der Touristen abgezogen sind, der hat dieses kleine, eigenwillige Lokal, nur ein paar Meter von der Platanenpromenade entfernt, nicht entdeckt. Verehrung für die große spanische Schauspielerin Sara Montiel (eine der wenigen, denen in den 1960ern der Sprung nach Hollywood gelang) spricht aus der Dekoration, der Flut von Fotos, Briefen und anderen Dingen verbunden mit »Saritisima«. Immer ist es hier laut und lebhaft, und sobald der Abend erst einmal richtig läuft und die Gäste bei Laune sind, erlebt man geradezu ausschweifende Darbietungen von Personal und Gästen. Nur wer dabei war, wird es glauben.

DRINKS MIT AMBIENTE

7 Hotel España

146

ZEITLOS ANZIEHEND

8 Marsella

Carrer de Sant Pau, 65

Es sind die staubigen Flaschen, die in einem hölzernen Schrank verschlossen liegen, die glanzlosen Lüster und das Patchwork der Bodenfliesen, die Marsellas langes Dasein verraten. Aber sie hält sich gut, die kleine Bar, über Generationen im Besitz derselben Familie und getragen von einer treuen Kundschaft, die für das sympathische Murmeln in den Räumen, die heiter klirrenden Gläser und gut gefüllte Tische bis zum Ende des Abends sorgt. Die Bar ist ein wunderbarer Kontrast für einen After-Dinner-Drink nach Biblioteca-Stunden (s. unten).

LESEN, ESSEN, TRINKEN

9 Biblioteca

Carrer de Junta de Comerç, 28

Chefkoch Iñake Lopez arbeitete in einer Reihe von Restaurants im Ausland, ehe er sich mit seiner irischen Partnerin zurück nach Barcelona aufmachte. Ihre Idee war ein Restaurant, dessen Küche, wie Mary Finn erklärt, »frische Produkte in den Mittelpunkt stellt und den Zutaten so viel Eigenaroma und Textur wie möglich erhält«. Sie verzichten auf kostbares Mobiliar und komplizierte Präsentationen zugunsten einer offenen Küche, für die man den frischesten Fisch, Meeresfrüchte und alle anderen Ingredienzen direkt von der Boqueria bezieht. Finn und Lopez weckten mit ihrem Konzept sogar das Interesse anderer Profis, die gerne Platz nehmen, um den Chef in Aktion zu erleben und um eines der Kochbücher (in Spanisch, Französisch und Englisch) zu kaufen. Die mediterrane Karte (mit baskischen und irischen Nuancen) führt marinierten Thunfisch, *suquet* (Eintopf) von Venus- und Herzmuscheln sowie Drachenkopf oder Paella mit Wildpilzen als saisonale Spezialitäten. Das Feingebäck (z. B. eine waffeldünne Apfeltarte) und das Brot werden täglich frisch gebacken.

AUSSTELLUNG IN HEILIGEN MAUERN

10 Sala Exposicions La Capella

Carrer de l'Hospital, 56

Gleich um die Ecke von den lärmenden Hallen der Boqueria baute man die Kapelle des ehemaligen Hospital Santa Creu in einen Ausstellungsraum von meditativer Stille um. Eigentlich handelt es sich um zwei Räume mit den gleichen schlichten Steinmauern wie im Hospiz aus dem 15. Jh., das bis 1930 Barcelonas bedeutendste medizinische Institution darstellte (damals wurde das Hospital de la Santa Creu i de Sant Pau des Modernisme-Architekten Domènech i Montaner eingeweiht). Der Krankenhaustrakt, in dem Gaudí starb, nachdem er von einer Straßenbahn angefahren worden war, beherbergt die Biblioteca de Catalunya. Zusammen mit den Arkaden des gotischen Kreuzgangs (1415–1417) umrahmt sie den Garten. Leben kehrt in die Mauern zurück, wenn lokale Künstler in die Kapelle einladen oder internationale Projekte stattfinden.

MARKTAMBIENTE

11 La Reina del Raval

Rambla del Raval, 5

Mitten im ehemaligen Rotlichtbezirk von Barcelona wurde im Jahr 2000 ein umfangreiches Sanierungskonzept Realität. Einhergehend mit dem Abriss einiger Häuserblocks, öffnete sich die Rambla del Raval als großzügiger Platz, dem sogar eine Botero-Bronzeskulptur, »El Gat«, eine künstlerische Note verleiht. Unter den gastronomischen Neuheiten an der Rambla ist La Reina del Raval die jüngste. Die Küche spielt mit traditionellen Rezepten und verlässt sich bei den Zutaten auf das hochwertige, saisonal wechselnde Angebot des Boqueria-Marktes. Ohnehin beliefern dessen Händler die meisten Restaurants der Stadt. Der Reiz des neuen Mitbewerbers in der Szene ergibt sich nicht nur aus seiner Lage. Flair und Ambiente locken ein künstlerisches Publikum: Im Reina del Raval will man gesehen werden.

LA CONCHA

25.20
MERCAT
St JOSEP
LA BOQUERIA
BAR PINOTXO
4'50
2'50
2'90
CHIVAS REG
Pimientos
0,99
Rovellons
4,99
03

VERBLÜFFENDER NEUER FAVORIT

12 Lupino

Carrer del Carme, 33

Eine fantastisch klare Kreation der deutschen Designerin Ellen Rapelius weckt diskrete, aber spürbare Aufmerksamkeit in dieser von jeglichen Verschönerungsaktionen weitgehend ausgeblendeten Straße. Lupino leuchtet mit den geradlinigen, glitzernden Attributen der besten Restaurant-Lounges – und mit ein bisschen mehr. Werfen Sie einen Blick auf die herrliche Einrichtung und die Bar – beides ist schon speziell genug. Wandern Sie dann den glamourösen, indirekt beleuchteten Gang entlang und nehmen Sie Platz, um die Barcelona-Fusion-Cuisine des Katalanen Txiqui Fuster zu verkosten: *milhojas de patata y confit de pato* (dünne Kartoffelscheiben mit Enten-Confit), *cassoulette de setas* (Wildpilze), *tempura de verdurettes* (Gemüse) oder *crema Japonesa d'espinaca* (Spinatcremesuppe nach japanischer Art) als Vorspeisen. Unter den Hauptspeisen sind Biriyani-Gerichte, Traditionelles nach katalanischen Rezepten wie iberisches Rind mit geräucherten Äpfeln und Fisch. Die Bar ist das Refugium einer gehobenen Klientel, und der Cocktailkonsum boomt.

IM VERBORGENEN KÖSTLICH

13 Romesco

139

SAHNE OBENAUF

14 Granja M. Viader

Carrer d'En Xuclà, 4–6

Granja Viader, 1870 eröffnet, ist jene Sorte Café, die die Katalanen als »Milchbar« bezeichnen. Angeschlossen ist hier eine Delikatessenabteilung mit einem Sortiment an geräuchertem Fleisch und lokalen Käsesorten. Aber deswegen kommt man nicht hierher. Was lockt – zugegeben vornehmlich Frauen –, ist die wundervoll dekadente *chocolate »suizo«*, die Tasse puddingdicker heißer Schokolade mit einem Matterhorn ungesüßter, steif geschlagener Sahne. Vergessen Sie einmal die gnadenlose Waage. Und wenn Sie denken, dies wäre verwerflich, dann beobachten Sie die anderen Gäste, die sich noch Kleingebäck dazubestellen …

KUCHEN UND KUNST

15 Escribà

145

MARKTFRISCH

16 Mercat de la Boqueria Sant Josep

La Rambla, 85–89

- La Maseria de la Boqueria
- Pinotxo

Seit Jahrhunderten hat es hier einen Markt gegeben. Als die Stadt wuchs und ihre Grenzen verschob, blieb er dennoch, wo er immer gewesen war. Nach einem Gesetz des 19. Jhs. allerdings sollte er in einem festen Gebäude auf dem Gelände eines in Teilen abgerissenen Klosters der Karmeliten des hl. Josefs untergebracht werden. So versammelte man die Buden innerhalb eines von Arkaden umsäumten Platzes (1836–1840). Die äußere Umfassung hat man nie vollendet, 1860 aber eine gigantische Metallstruktur darübergesetzt. Bis heute ist La Boqueria der beste Ort, um frische Lebensmittel in Barcelona einzukaufen. Immer ist er voll und laut, sauber und gut organisiert, dicht besetzt mit den besten Händlern, deren Warenpalette Augen und Nasen verzaubern. Gönnen Sie sich ein Gourmetpicknick in einem Park und kaufen Sie hier dafür ein paar besondere Leckereien. La Maseria am hinteren Ende des Marktes ist spezialisiert auf gepökeltes und geräuchertes Fleisch, Salami und andere Würste sowie Schinken. Andere Stände quellen über von Trockenfrüchten und Süßigkeiten, sogar einen Apotheker gibt es hier und natürlich Tapas-Bars, falls Sie sich für weiteres Shopping stärken müssen. Unter ihnen gilt Pinotxo (rechts vom Eingang) als bester Tipp, auch wegen der Spezialität des Hauses: Austern und Cava. Der Laden öffnet um 6 Uhr – rechtzeitig zum Frühstück nach einer superlangen Disconacht.

BÜHNENFIEBER

17 Gran Teatre del Liceu

La Rambla, 51–59

Das Opernhaus, auf dessen Bühne Montserrat Caballé debütierte und Aufführungen stattfanden, die in die Musikgeschichte eingingen, wurde 1994 ein Raub der Flammen. Doch mit einem neuen Aufführungskonzept gewann das wieder aufgebaute Gran Teatre viele neue Zuschauer, gerade aus der jungen Generation. Rotes Samtdekor und Ornamente im Stil des 19. Jhs. verleihen der Bühne Pracht und nostalgische Romantik, ohne die Schwächen des wirklich Antiken. Bereichert um modernste Neuerungen der Bühnen- und Klimatechnik, kann sich die Oper mit vielen Bühnen der Welt messen.

HELL UND KRÄFTIG

18 Carmelitas

Carrer del Doctor Dou, 1

Die strahlend roten Paneele, die man außen zwischen die ehrwürdigen Steinsäulen gesetzt hat, signalisieren Neues. Die Eröffnung von Carmelitas 2002 sorgte sogar noch für Aufsehen, obwohl die Barcelonesen längst an den ständigen Zuwachs der Szenetreffs gewöhnt sind. Am Eingang meint man, eine gut gestylte Bar zu betreten: weiße Polsterstühle und Kunststofftische zwischen ebenfalls weißen korinthischen Säulchen (aus Eisen). Nebenan liegt ein formellerer Restaurantraum, obwohl »formell« hier nicht steif bedeutet. Einen Stock tiefer wird es richtig stimmungsvoll: Nischen mit gedeckten Tischen und schweren roten Vorhängen. Die Auswahl der Speisen ist handfest katalanisch, ob *pa amb tomàquet* (Brot mit Tomaten eingerieben und mit Öl beträufelt) oder Fisch und das Brot-Schokolade-Dessert.

KUNSTVOLLE BÜCHER

19 Ras

Carrer del Doctor Dou, 10

Das Studio Actar, das sich mit Architektur, Design und Publikationen des Printsektors beschäftigt, ist einer der Motoren in dieser innovativen Galerie mit einem außergewöhnlich gut designten Buchladen. Den Namen Actar verbindet man in Barcelona mit hypermodernen Buchentwürfen, und die Präsentation ist so gekonnt wie der Stil der gebundenen künstlerischen Arbeiten. Internationale Bücher über Kunst, Fotografie und Design stehen oder liegen in interessanten Polycarbonatregalen; Zeitschriften zu Avantgarde-Mode und Design sind klug hinter transparenten Plastiknetzen ausgelegt.

METERWEISE BÜCHER UND JAZZ

20 La Central

160

ELEGANTE NEUE MODE

21 Giménez & Zuazo

171

LÄSSIG, JUNG, UNKONVENTIONELL

22 Hostal Gat Raval

112

HOFFNUNGSVOLLER NEWCOMER

23 ÉS

134

cordials
o el cigaló
anís

GLAS FIRST CLASS

24 Espai Vidre

Carrer dels Àngels, 8

Sehr originell residiert Espai Vidre in einem umgewidmeten Industriebau, der seinerseits mit der im Museu d'Art Contemporani de Barcelona (MACBA, S. 65) postulierten Gegenwartskunst perfekt harmoniert. Schwerpunkt der Galerie sind zeitgenössische Werke lokaler und internationaler Glaskünstler. Aus den Objekten spricht eine überschäumende Fantasie, immer sind es Originale, bisweilen Unikate. Ihr Stil variiert von beinahe zweckorientierten Formen, die trotzdem den höchsten ästhetischen Kriterien standhalten, z. B. bei Tellern und Schüsseln, bis hin zu rein künstlerischen Skulpturen. Die Galerie fördert außerdem Programme für Künstler, etwa Workshops oder Begegnungen mit anderen Kreativen, und leistet Unterstützung bei der Konzeption von Ausstellungen.

FESTPREISMENÜS OHNE REUE

25 DAF

Plaça dels Àngels, 5–6

FAD, Barcelonas Institut zur Förderung neuer Ideen in Design und Architektur, leistet sich auch ein Restaurant: DAF. Dieses hat sich inzwischen zum gefragten Mittagstreff entwickelt und ist nicht weniger ein trendiger Nightspot. Die Mittagsmenüs zum Festpreis von zehn Euro bieten zu den drei Gängen sogar noch Kaffee und Erfrischungsgetränke, sodass der Magen bis zum Abend sicher nicht aufmuckt. Bei schönem Wetter, was in Barcelona durchaus zu erwarten ist, sitzt man auf der rückwärtigen Terrasse im Schutz einer alten Steinmauer. Donnerstag bis Sonntag unterhalten einige von Barcelonas besten DJs die Gäste, ob beim Dinner oder bei einem Drink.

DRINKS SEIT 1860

26 Casa Almirall

Carrer de Joaquín Costa, 33

Das Schild ist ein wenig verwittert, die Jugenstil-Inneneinrichtung aber ziemlich intakt, vor allem die Holzarbeiten mit den wunderschönen floralen Ornamenten und den Fackeln tragenden Göttinnen. Noch bis vor geraumer Zeit galt die Straße als zwielichtiges Pflaster, auf das erst das MACBA ein neues Licht warf, sodass in Lokalen wie dieser Bar, die bereits seit 1860 besteht, auch eine neue Generation von Gästen auftaucht. Trotzdem haben viele alte Kneipen ihr treues Stammpublikum, und in ihrer Atmosphäre werden die Wechselfälle der Vergangenheit spürbar.

DIE PERMANENZ DER GEGENWÄRTIGEN

27 Museu d'Art Contemporani de Barcelona (MACBA)

Plaça dels Àngels, 1

Diese Version von Richard Meiers Philosophie des weißen Gebäudes ist eine geniale Bereicherung im Raval und hat die zentrale Bühne des zeitgenössischen künstlerischen Geschehens markant neu positioniert. Die Erwartungen in seine Anziehungskraft auf Künstler und Kunstinteressierte wurden seit der Einweihung 1995 nicht ganz erfüllt, dabei schuf Meier durch die leichtfüßige Kombination von natürlichem Licht und besucherfreundlichen Zickzackrampen schon im Atrium ein herausragendes Forum der Kunst. Der gegenwärtige Bau gewährt erstmals permanente Ausstellungsflächen für die städtische Sammlung der Gegenwartskunst. Zusammen mit dem Centre de Cultura Contemporània de Barcelona (CCCB) nebenan, agiert das Museum als künstlerisch-kulturelles Epizentrum im Raval.

MOTOWN

KÜNSTLERISCHES BEIWERK

28 Silenus

Carrer dels Àngels, 8

An der Straße zum MACBA hat das moderne Design Einzug gehalten. Nur im Café-Restaurant Silenus entschied man sich für ein gemütliches Ambiente und eine dezent-stilvolle Linie. An den im Freskostil bemalten Wänden hängen künstlerische Werke, aber keine ernsthafte Sammlung. Die Küche hingegen bemüht sich, auch Publikum jenseits der studentischen Kreise zu interessieren. Makellos sind die Barceloneser Klassiker: *llobarro costa amb arròs negre* (Wolfsbarsch mit Reis, gekocht in Tintenfischtinte) und *calamars amb faves* (Calamares mit Bohnenkernen), Pastagerichte und Salate. Regelmäßig lädt man Künstler zu Ausstellungen ein.

LEICHTFÜSSIGE KUNST

29 Restaurant Plaça dels Àngels

Carrer de Ferlandina, 23

Eigentlich war das weite Pflasterareal vor dem MACBA als Treffpunkt der Studenten und Kunstfreunde gedacht – bevor die Skateboarder die Rampen für ihre waghalsigen Sprünge entdeckten. Nahe dem Carrer de Ferlandina jedoch gibt es diese Meetingpoints in Cafés und Galerie-Läden. Als eines der besten gilt das Restaurant Plaça dels Àngels mit einer bewundernswert eklektischen Einrichtung, moderaten Preisen an der Café-Bar, schönen Tischen auf der Terrasse und drinnen einem kreativ-jugendlichen Ambiente.

ALTSPANISCHES FLAIR

30 Hotel Mesón Castilla

108

IM RHYTHMUS DER TANZPALÄSTE

31 La Paloma

Carrer del Tigre, 27

Die gelbe Fassade mit einer riesigen Lichttaube ist *das* Bild des Anfang des 20. Jhs. eröffneten Tanzpalastes, dessen Barockdekor so traditionell ist wie seine Anhängerschaft treu. Von 18 bis 21.30 Uhr (Do–Sa) ist es ein Ballsaal, in dem Paare mittleren Alters und der Großelterngeneration zu den Tanzklassikern eines Salonorchesters über das Parkett schunkeln. Dann schließt es seine gesitteten Türen, um als Bongo Lounge (Do–Fr) wieder zu eröffnen für den Auftritt des DJ-Duos der Dope Brothers, De Lippo und Professor Angel Dust. Dann sind Funk, House und Afro-Latino angesagt.

NUR FÜR MITGLIEDER

32 Mau Mau

Carrer Fontrodona, 33

Noch am Eingang können Sie Mitglied des in einem ehemaligen Lagerhaus entstandenen Clubs werden. Dann werden sich Ihnen die schweren Metalltüren zu dem großzügigen, in warme Rottöne getauchten Souterrain öffnen. In der entspannten Atmosphäre des Mau Mau verbringen die Stammgäste bevorzugt die ersten Stunden des Abends. Bei der Musikauswahl offenbaren die engagierten Organisatoren des Clubs eine Vorliebe für Funk und Hip-Hop, wobei die Haus-DJs auch im nahen Apollo Club (Carrer Nou de la Rambla), einer der ersten Adressen in Barcelonas Nachtleben, auflegen. Mit verschiedensten Filmen und Videokunst am Sonntagnachmittag ist das Mau Mau auch ein angenehmer Ort, um das Wochenende ausklingen zu lassen.

SECONDHANDPARADIES

33 Carrer de la Riera Baixa

- Lailo, Nr. 20
- Zero, Nr. 12
- Erretè, Nr. 10
- wah wah, Nr. 14
- Edison's, Nr. 9 & 10

Die schmale Gasse hat sich zu einem Mekka der »Antiquitäten«-Jäger gemausert. Und das größte »Versteck« innerhalb der Gruppe von etwa zwei Dutzend Läden ist Lailo, wo Anna Vizcaino, die Tochter des Geschäftsgründers, zig Räume mit Secondhand- und alter Designermode, Theaterkostümen und Hochzeitskleidern früherer Generationen managt. Die tadellosen Leder- und Jeansstoffartikel nahe dem Eingang sind nur die Spitze des Eisbergs, denn im hinteren Bereich des Geschäfts liegen Räume mit den ungewöhnlichsten Modekreationen. Künstler, Schriftsteller und Designer kommen hierher, um sich etwa ein Kostüm aus einer Carmen-Produktion des Liceu auszuleihen. Video- und TV-Produzenten suchen nach Kleidern und Anzügen der 1930er- bis 1950er-Jahre oder Stücken aus dem überwältigenden Fundus von Theaterkostümen. Vor allem ist alles in einem Topzustand. Cooler Technostil ist bei Zero angesagt, Streetlook kreiert Erretè als eigenes Label. CDs der 1960/70er – psychedelischer Sound, Easy-listening-Songs, Westcoast-Scheiben und Blues – füllen die Regalmeter bei wah wah; Edison's ist der Tipp für Plattennostalgiker jeden Alters und führt außerdem eine bunte Mischung von CDs, Kassetten und Singles.

BALLSPASS

34 FoodBall

Carrer d'Elisabets, 9

Seite an Seite mit Casa Camper (S. 122) gelegen, ist dieser Neuzugang in der Naturkostszene kaum zu übersehen. Mit seinen großen Fenstern, ungewöhnlichen Sitztreppen und Unmengen von Camper-Logos lockt FoodBall die junge Generation an – und jene, die sich jung fühlen. Jedes Gericht wird in Form kleiner Bällchen (aus den gesündesten Zutaten, versteht sich) gereicht, und dazu sitzt man extravagant minimalistisch auf Betonstufen wie in einem Stadion oder auf einer Plaça. Als Gastro-Innovation ist FoodBall immer den Test wert.

ZUFALLSHARMONIE

35 Merry Ant

154

GEPFLEGT ALTMODISCH

36 Casa Leopoldo

126

KOMFORTABEL LÄSSIG

37 Casa Camper

122

INDEPENDENTMUSIK

38 CD Drome

Carrer de Valldonzella, 3

Dies ist einer der coolsten Musikläden in Barcelona, und noch haben ihn die großen Musiklabels nicht im Griff. CD Drome zählt zu den wenigen Shops, in denen man nicht nur die neuesten CDs, sondern ebenso seltene Klassiker entdeckt. Das alternative Ambiente hat sein Echo in der Passion der Mitarbeiter für Independentmusik, die Post-Rock- und Elektronikvarianten eingeschlossen. Gleich um die Ecke des MACBA (S. 65) gelegen, organisiert CD Drome auch das Sónar-Festival. Zu der alljährlich im Juni stattfindenden Veranstaltung reisen Tausende von Technobegeisterten aus aller Welt nach Barcelona.

BÜCHER UND MÜNZEN UNTER EINEM MODERNISME-DACH

39 Mercat de Sant Antoni

Carrer del Comte d'Urgell / Carrer de Manso

Antoni Rovira i Trias und der Ingenieur Josep M. Cornet i Mas (auch involviert in den Bau des Marktes von El Born, S. 47) zeichneten seinerzeit verantwortlich für die schöne Modernisme-Struktur der Markthalle. Wochentags findet hier ein Obst- und Gemüsemarkt statt. An den Wochenenden klappen andere Spezialisten ihre Tische aus: für Taschenbücher, Groschenromanhefte, Zeitschriften und antiquarisches Kostbares der Druckkunst neben Münzen aus aller Welt (von 10 bis 14 Uhr).

FRECHE EXTRAVAGANZ

40 Comité

166

KUNSTPARK

41 Parc Joan Miró (Parc de l'Escorxador)

Carrer d'Aragó / Carrer de Tarragona

Noch vor den Stadtsanierungsmaßnahmen anlässlich Olympia 1992 entstanden ausgedehnte moderne Parks. Zu den erfolgreichsten Anlagen zählt der Parc Joan Miró, überragt von Mirós gigantischer Skulptur *Dona i Ocell* (»Frau und Vogel«), die sich in einer Wasserfläche spiegelt. Insgesamt umfasst das Areal vier Häuserblocks. In der Nähe, unmittelbar neben dem Bahnhof Sants, erstreckt sich auf ehemaligem Industriegelände der fantastische Parc de l'Espanya Industrial, mit seinen leuchtturmartigen Türmen und einem riesigen Metalldrachen oberhalb eines Sees, dessen Ufer wie die Zuschauerränge eines Amphitheaters aufsteigen.

DIE ERFINDUNG DES MINIMALISMUS

42 Pavelló Barcelona / Mies van der Rohe

Avinguda del Marquès de Comillas

Ludwig Mies van der Rohes Pavillon für die Weltausstellung in Barcelona 1929 ist eines der bedeutendsten Gebäude des 20. Jhs. – und ein Vorbote der Moderne mit den minimalistischen, sich rechtwinklig schneidenden Wandflächen. Einziger Schmuck: weiße Barcelona Chairs und eine Skulptur von Hans Kolbe. In Marmor und Glas gefasste Räume vermitteln das Gefühl von Raum und Freiheit und nicht von Beschränkung, ebenso wie das weit über die Außenwände vorkragende Flachdach alle herkömmlichen Konzepte des Hausbaus zerreißt oder vielmehr in elegantester Manier neu definiert. Das Wasserbecken führt das Spiel der nüchternen geometrischen Formen unmissverständlich fort. Der ursprüngliche Pavillon wurde nach der Ausstellung zerlegt. Diese detailgenaue Rekonstruktion aber vermittelt die Quintessenz der Moderne in Perfektion.

HÜGELKULTUR

43 Montjuïc

- Castell de Montjuïc
- Museu Nacional d'Art de Catalunya
- Jardins de Mossèn Costa i Llobera
- Jardí Botànic

Am Montjuïc endet die alte innerstädtische Kernzone von Barcelona. Strategisch beherrscht wurde der weitgehend unbewohnte Berg von einem Kastell aus dem 17. Jh. (heute Militärmuseum). Längst aber assoziiert man den Berg mit Kultur und Natur. Besteigt man den Funicular im Raval oder die Seilbahn drüben in Barceloneta, gelangt man mitten hinein in einen Sport- und Kulturpark. Die meisten Sportstätten entstanden für die Olympischen Spiele 1992 und liegen eingebettet in eine teils wilde, teils parkartig gezähmte Vegetation. Zugleich ist der Montjuïc ein Kulturpark mit Theaterstätten und Museen. Alle übertrifft in der Fülle und überwältigenden Präsentation seiner Exponate das Museu Nacional d'Art de Catalunya im früheren Palau Nacional. Als Kostbarkeit von unschätzbarem Wert gilt die Sammlung romanischer Fresken aus Kirchen in Katalonien, ergänzt um Gemälde aus der Sammlung Thyssen-Bornemisza. In Richtung des Hafens überziehen wunderschöne Gärten die Bergflanke. In den Jardins de Mossèn Costa i Llobera scheinen sich tropische Exoten, vor allem die Kakteen, die an manchen Stellen regelrechte Dickichte bilden, zu Hause zu fühlen. Von dieser Anlage unterscheiden sich die parkartigen Jardins del Mirador und Jardins de Mossèn Cinto Verdaguer etwas hügelaufwärts der Stadt zugewandt. Über den trockeneren Südhang unterhalb des Olympiastadions breitet sich das Gelände des Jardí Botànic (2001 fertiggestellt). Niedrige Bauten ducken sich zwischen dreieckigen Grasflächen und Wällen, die sich mit den Blumenbeeten zu einem modernen floralen Mosaik zusammenfügen.

KATALANISCHE MODERNE

44 Fundació Joan Miró

Avinguda de Miramar

Umrahmt von den Jardins de la Ribal auf der einen Seite und dem Gelände des Teatre Grec auf der anderen, liegt die Fundació Joan Miró günstig zum Funicular (Talstation im Raval). Joan Miró, der in Barcelona geboren wurde und dort auch aufwuchs (die Familie lebte lange Zeit im Barri Gòtic), entwickelte zusammen mit seinem Freund, dem Architekten Josep Lluís Sert, die Idee einer Stiftung. Neben seinen eigenen Werken sollte sie auch die anderer zeitgenössischer Künstler aufnehmen. Sert vollendete dieses verblüffende weiße Gebäudekonglomerat 1975. Entsprechend einer neuen Art der Ausstellungskonzeption schuf er Räume, die weiße Flächen enormer Dimensionen als Hintergrund boten sowie von natürlichem Tageslicht erhellt wurden. Trotz des Anbaus von Jaume Freixa 1986 bewahrt der Bau Serts ursprüngliches Konzept einer Raumanordnung um Atrien innen und kleine Höfe im Freien, wobei er durchaus katalanische Elemente wie Fliesen integrierte. Seine zeitlose Qualität wurde bestätigt durch den »Twenty-Five-Years-Award« des American Institute of Architects, der im Jahr 2002 verliehen wurde. Die Außenterrasse auf dem Dach fungiert als Ausstellungsfläche für einige von Mirós bunten Skulpturen und gewährt einen schönen Blick aus erhöhter Position über die Stadt. Die ständige Werkschau umfasst alle Perioden aus Mirós Schaffen, ob als Maler, Keramiker oder Textilkünstler, angefangen von seiner fauvistischen Phase über die surrealistischen Experimente und die dunklen Jahre des Bürgerkriegs bis hin zur Nachkriegszeit und der experimentellen Spätphase auf Mallorca. Die reiche Sammlung ergänzen Stücke befreundeter Künstler: Alexander Calder (ein Quecksilberbrunnen, den er für die Weltausstellung 1937 konstruiert hatte), Henry Moore, Fernand Léger, Marcel Duchamp und Max Ernst. Espai 13 ist ein gefragter Ausstellungsraum, der der zeitgenössischen Kunst vorbehalten ist. Im Café-Restaurant (mit Terrasse im Freien) können Sie sich in stimmungsvoller moderner Umgebung stärken – für die langen Erkundungen auf dem Montjuïc.

Eixample

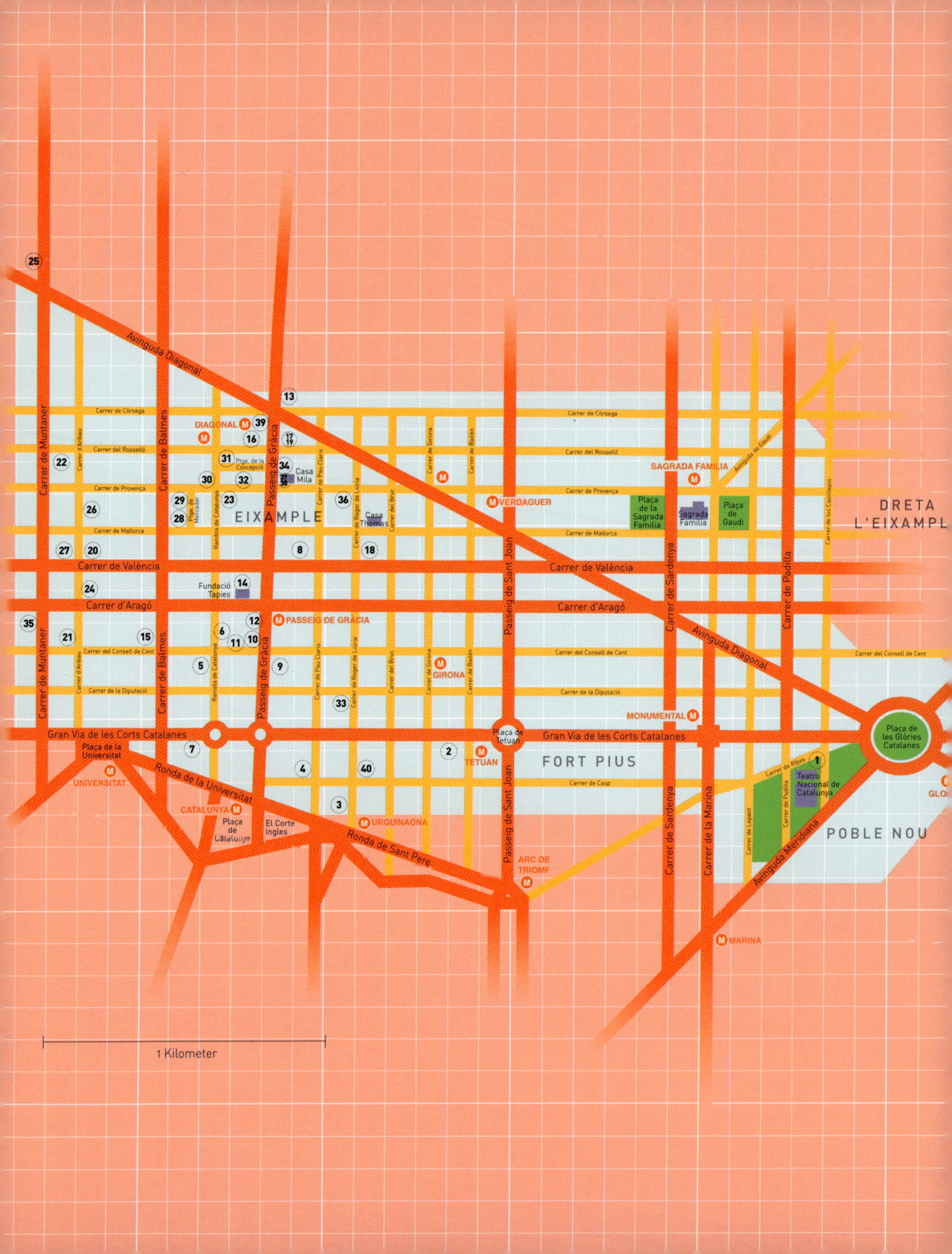

Avinguda Diagonal
Carrer de Muntaner
Carrer d'Aribau
Carrer de Balmes
Passeig de Gràcia
Rambla de Catalunya
Ptge. de Mercader
Ptge. de la Concepció
Carrer de Pau Claris
Carrer de Roger de Llúria
Carrer del Bruc
Carrer de Girona
Carrer de Bailèn
Passeig de Sant Joan
Carrer de Sardenya
Carrer de la Marina
Carrer de Padilla
Carrer de los Castillejos
Carrer de Lepant
Carrer de Ribes
Avinguda de Gaudí
Avinguda Meridiana
Carrer de Còrsega
Carrer del Rosselló
Carrer de Provença
Carrer de Mallorca
Carrer de València
Carrer d'Aragó
Carrer del Consell de Cent
Carrer de la Diputació
Gran Via de les Corts Catalanes
Carrer de Casp
Ronda de la Universitat
Ronda de Sant Pere
DIAGONAL
PASSEIG DE GRÀCIA
GIRONA
VERDAGUER
SAGRADA FAMILIA
MONUMENTAL
TETUAN
UNIVERSITAT
CATALUNYA
URQUINAONA
ARC DE TRIOMF
MARINA
GLO
EIXAMPLE
DRETA L'EIXAMPL
FORT PIUS
POBLE NOU
Casa Mila
Casa Thomas
Fundació Tapies
Plaça de la Sagrada Familia
Sagrada Familia
Plaça de Gaudí
Plaça de Tetuan
Plaça de les Glòries Catalanes
Teatro Nacional de Catalunya
Plaça de la Universitat
Plaça de Catalunya
El Corte Ingles
1 2 3 4 5 6 7 8 9 10 11 12 13 14 15 16 17 18 19 20 21 22 23 24 25 26 27 28 29 30 31 32 33 34 35 36 37 38 39 40
1 Kilometer

Vor dem raumgreifenden olympischen Stadterneuerungsprogramm der 1980er- und 1990er-Jahre hatte Barcelona seine letzte große städtebauliche Maßnahme in den 1860er-Jahren erlebt. Mit der Planung der Eixample, was »Erweiterung« bedeutet, zog die Stadt ihre Grenzen auch um die Dörfer Horta, Les Corts, Gràcia, Sant Gervasi und Sarrià. Ildefons Cerdà hatte den Wettbewerb um die Ausweitung des Stadtgebietes mit einem genialen Plan gewonnen. Um den alten Kern, die Ciutat Vella, legte er ein regelmäßiges Straßenraster bis weit nach Nordosten zur Avinguda Diagonal. Sein Konzept schloss weite Grünzonen ein, überhaupt sollte es ein Abbild der Demokratie sein: keine Straße besser als die andere. Cerdàs Vision wurde nicht überall Realität, auch in der Eixample gab es mehr Wildwuchs als ein sozial gerechtes Utopia. Dennoch ebnete Cerdàs »Stadt« einer bahnbrechenden Architektur in Barcelona und in ganz Europa den Weg.

Ein möglicher Spaziergang beginnt am Rand der Eixample bei Gaudís Casa Calvet, in der seit vielen Jahren ein Restaurant (S. 85) kulinarisch verwöhnt. Weiter auf dem Passeig de Gràcia markieren die berühmten Wahrzeichen des Modernisme den Weg: Josep Puig i Cadafalchs Casa Amatller mit ihrem Stufengiebel unmittelbar neben Gaudís alle Formprinzipien negierender Casa Batlló (S. 78). Die Fundació Antoni Tàpies (S. 79) residiert in einem ehemaligen Verlagsgebäude des Architekten Domènech i Montaner, während bd: Ediciones de Diseño in der von ihm gebauten Casa Thomàs ihren Sitz hat. Zurück zum Passeig und zu Gaudí, dessen grandiose Casa Milà (S. 85) ihren neuen Glanz einer Megainvestition der Bank Caixa Catalunya verdankt. Vom Dach aus erkennt man im Nordosten Gaudís unvollendetes Meisterwerk, die Kirche Sagrada Familia, die wie der Stein gewordene Geist dieses Architekturgenies in den Himmel ragt.

Nicht allein Architekturbühne, sondern auch Laufsteg der Eitelkeiten, verkörpert der Passeig de Gràcia Barcelonas Wohlstand, ist triumphale Parade der Luxusshops und -residenzen und spiegelt die Konsumwünsche einer gehobenen Käuferschicht. Haben sich einige der innovativsten Restaurants und Streetwear-Designer in La Ribera oder Raval etabliert, so beherrschen weiterhin die großen Namen der Couture, der Haute Cuisine und Kunstgalerien die luxuriösen Geschäfte entlang oder nahe dem einzigartigen Boulevard, wo selbst die Pflastersteine dem Diktat des Designs folgen. Man kann sich kaum des Gefühls erwehren, dass der Passeig de Gràcia und die Flucht der Avinguda Diagonal den Paradealleen weit größerer, imperialer Residenzstädte entsprechen. Dass sie in Barcelona existieren – und noch dazu mit derart prunkvoller Wirkung –, ist Ausdruck der konzentrierten Fülle und Kraft dieser Stadt.

DRAMENKUNST

1 Teatre Nacional de Catalunya

Plaça de les Arts, 1

Südlich des Flohmarkts an der Avinguda Meridiana (zum Laufen fast zu weit) sorgte eines der letzten Großprojekte für Wirbel: ein Theater im Stil des römischen Pantheons, nur mit riesigen Glaswänden und starker Integration natürlichen Lichts, konzipiert von Ricardo Bofill. Die Kritikerstimmen zur Einweihung 1997 waren kontrovers, allerdings bietet das Theater drei Aufführungsräume, die modernste Produktionen ermöglichen. Im Atrium befindet sich ein elegantes Restaurant.

SCHAMPUSTRÄUME

2 La Bodegueta del Xampú

Gran Via de les Corts Catalanes, 702

Katalanen lieben Cava, und sie lieben ihre Häppchen mit Zutaten von Erzeugern auf dem Lande. Bei Xampú reicht man Ihnen würzigen Schinken, selbst gemachte Käse, feine Sardinen und Muscheln, Marmeladen nach Bauernart und alle Variationen von Leberpastete als *platillos* zu Cava und offenen Weinen. Und zum Mitnehmen gibt es kleine Dosen der Köstlichkeiten.

STOFFE MIT FLAIR

3 Casals Pagès

Carrer de Roger de Llúria, 7

Auch dieser Laden gehört zum Stoffimperium Ribes & Casals, das sein Stammgeschäft 1933 eröffnete. Casals Pagès ist ein modernes Präsentationsforum für das alteingesessene Handelshaus und bietet ausreichend Platz für eine unglaubliche Auswahl an Seiden, Woll- und Baumwollstoffen, gestickten, applizierten und feinstgewebten Textilien. Hier findet man Robusteres für den Alltag, Kostümstoff für Karneval und die Wolle für den Smoking. Lassen Sie sich inspirieren von Hunderten Stoffrollen, Polster- und Vorhangstoffen sowie Draperien in großer Fülle. Das Personal wird Sie gerne beraten.

LITERARISCHE AMUSE-GUEULES

4 Laie Llibreria Cafè

Carrer de Pau Claris, 85

Laie war ein Pionier des Konzeptes »Café-Buchhandlung« in Barcelona. Der Buchladen im Erdgeschoss ist gut sortiert und organisiert. Eine beachtliche Abteilung mit Romanliteratur in Englisch befindet sich nahe dem Eingang, wo auch die Zeitschriften ausliegen. Nach hinten hin finden Sie Literarisches in Spanisch, die Kunst ziemlich am Ende (nur räumlich). Laie wirbt damit, dass man für Sie das Buch findet, das Sie wollen – oder wie man es dort formuliert: »das Buch, von dem Sie noch nicht wussten, dass Sie es wollen«. Die Café-Bar im Obergeschoss ist ein gemütlicher Raum zum weiten begrünten Innenhof – mit Pflanzen, angenehmer Beleuchtung und einer reichen Auswahl rund um den Tag. Laie veranstaltet zudem Vorträge und Autorenlesungen.

EXOTISCHE PRALINEN

5 Cacao Sampaka

175

FÖRDERER DER KUNST

6 Galeria Joan Prats

Rambla de Catalunya, 54

Am Buntglasfenster liest man das Jahr 1845. Hier nicht die Realität eines Gründungsjahres, denn das Fenster kam von einem anderen Geschäft, als Josep Lluís Sert 1976 die Räumlichkeiten zu einer Galerie umgestaltete. Ihre Besitzer, Manuel und Joan de Muga, übernahmen den Namen des Hutladens bzw. seines Besitzers Joan Prats (1891–1970). Er war ebenso berühmt als Mäzen und Freund von Künstlern wie Tàpies, Miró und Picasso wie auch für Maßhüte. Der Galerie lag die Idee zugrunde, lokale Künstler zu fördern, z. B. Ràfols Casamada, Hernandez Pijuan und Guinovart. Bald kamen auch Picasso, Miró und Max Ernst ins Spiel. Wifredo Lam, Christo, R. Motherwell und Sue Williams gehören zu den internationalen Künstlern, die ausstellten, nicht zu vergessen die Spanier Chillida, P. Palazuelo und J. Uslé.

LEHNSTUHLREISEN

7 Altaïr

Gran Via de les Corts Catalanes, 616

Dieses Traditionsgeschäft ist Europas größter Reisebuchladen – und damit die perfekte Anlaufstelle für alle Lehnstuhlreisenden. Altaïr bietet ein umfangreiches Sortiment an Zeitschriften, Reiseführern, -berichten, Karten sowie sonstigen Informationen zur Planung. Es ist ferner beliebtes Forum für den Austausch von Reiseinformationen. In den Räumen finden Lesungen und Diskussionsrunden statt, eine monatlich wechselnde Fotoausstellung und multimediale Präsentationen.

WIR SOLLTEN SIE ALLE HABEN

8 Bad Habits

172

Jabugueña

planta inferior
Fòrum

PERUCCHI

SEIDIGE ELEGANZ

9 Antonio Pernas

Carrer del Consell de Cent, 314–316

Antonio Pernas, der aus La Coruña stammt und dort auch arbeitet, wurde ebenso wie Roberto Verino zu einem Botschafter der spanischen Couture. Seine Entwürfe sind extrem »stromlinienförmig« und sparsamst verziert. Zu jeder Saison beschränkt er sich auf eine kleine Palette harmonierender Farben, etwa Braun und Türkis kombiniert mit Grau sowie ein dunkles Rot. Und Überraschungen sind garantiert: ein doppelreihig geknöpfter Cordmantel in Aubergine etwa oder im Frühjahr 2002 weißer Satin für körpernahe Stücke. Pernas' Entwürfe zeichnen eine schlanke Linie aus, tiefe Säume und in der Taille geraffte Kleider, denen er damit den maßgeschneiderten Look verpasst. Die Kollektion umfasst auch Schuhe, Anzüge und Abendkleider, die Mode für den Tag aber steht im Mittelpunkt.

ART-NOUVEAU-SCHMUCK

10 Bagués Masriera

170

MODELIEBLING

11 Antonio Miró

162

DIE REINE FANTASIE

12 Casa Batlló

Passeig de Gràcia, 43

In unmittelbarer Nachbarschaft zur Casa Amatller, die Josep Puig i Cadafalch 1900 baute, steht die Casa Batlló. Dieses 1907 vollendete Werk Antoni Gaudís und seines talentierten Keramikers Josep Maria Jujol demonstriert Gaudís einzigartigen Beitrag zur Architekturentwicklung des Modernisme. Sein Auftrag war kein Neu-, sondern ein Umbau für eine Textilfabrikantenfamilie. Außerdem musste Gaudí eine gewisse Harmonie zur Fassade nebenan wahren. Er verabschiedete sich von der Mudéjar-Geometrie, die er noch in der Casa Vicens (S. 92) verfolgt hatte, und ließ die organischen Formen frei fließen (wie er es später in der Casa Milà, S. 85, zum Prinzip werden lässt). In beiden Gebäuden glättet er die Fassaden bis zu dem Punkt, dass sie ihre steinerne Härte und Kälte verlieren und gummiweich formbar scheinen. Die wulstigen Erker, farbenfrohen Mosaiken und bunten Glasfenster addieren Elemente der reinen Fantasie, sind klare Absage an die Schwerkraft, die Gleichförmigkeit und Monotonie der Stadtlandschaft.

TAPAS UND TEE

13 Fernández

130

MODERNISME-RAUM FÜR EINEN MODERNEN KÜNSTLER

14 Fundació Antoni Tàpies

Carrer d'Aragó, 255

Antoni Tàpies (1923–1994) war einer der bedeutendsten spanischen Künstler des ausgehenden 20. Jhs. Zunächst fühlte sich der Katalane angezogen vom Surrealismus, fand später zum eigenen Stil in der Abstraktion und in Collage-Experimenten auf Leinwand und anderem Untergrund und in unterschiedlichen Malarten. Die Stiftung wurde mit dem Ziel ins Leben gerufen, »das Studium und Verständnis zeitgenössischer Kunst und Kultur zu fördern«. Untergebracht sind Museum und Verwaltung in einem Modernisme-Bau von 1885. Domènech i Montaner hatte ihn für einen Verlag errichtet, die Ziegelfassade in maurischer Manier durch Muster der Steine belebt, während Tàpies sie mit seiner Metallskulptur *Núvol i Cadira* (»Wolke und Stuhl«) signiert. Für den Umbau zu einem Museum wurden 1989 Lluís Domènech Girbau und Roser Amadó beauftragt. Hier findet man die umfangreichste Sammlung von Tàpies-Werken sowie zeitgenössische Werke internationaler Künstler. Der Bibliothek ist ein Forschungszentrum für Kunst angeschlossen. Der Buchladen führt ein breites Sortiment zu Barcelona und der neueren Kunst.

RUHIG UND KLASSISCH

15 L'Olive

Carrer de Balmes, 47

Eine Reihe sehr guter Restaurants liegt verstreut über die ausgedehnte Eixample – L'Olive ist eines von ihnen. Keine Modernisme-Nostalgie, vielmehr ein klug designtes Restaurant mit einem Dekor (überwiegend in dunklen Grün- und Brauntönen), das so diskret und vollendet ist wie der Service. Geschäftsleute fühlen sich beim Lunch ebenso wohl wie Familien. Die Karte verkündet eine »mediterrane katalanische Küche«, was bedeutet, dass die traditionellen Gerichte ihre Schwere verlieren. Die bekannte *sopa de peix i marisc* (Fischsuppe) ist eine klare dunkelbraune Brühe mit zarten Stücken weißen Fischs und einer Portion Shrimps, wobei Salzigkeit und Fischaroma optimal balanciert sind. Die Zubereitung von Fisch und Fleisch ist schlicht, nehmen Sie *sepietes amb all i julivert* (Tintenfisch in Knoblauch und Petersilie), angerichtet mit zarten Kartoffeln. Bei den Desserts ein Tipp: Es gibt selten eine leichtere *crema catalana*.

MADRIDER PREZIOSEN

16 Joaquín Berao

Carrer del Rosselló, 277

Beraos Firmensitz ist Spaniens Hauptstadt Madrid, aber sein Geschäft in Barcelona hat den Ruf einer Topadresse avantgardistischer Schmuckkunst. Seit der ersten Präsentation 1982 erlangten die schwungvollen organischen Formen und geometrischen Entwürfe große Beliebtheit und vielfache Erwähnung in der Modepresse. 2002 wurde Berao der Prinz-Felipe-Preis für seine Pionierleistung in der Entwicklung des Schmuckdesigns verliehen. Das Geschäft, gestaltet von Tonet Sunyer (der die neuen Blumenstände auf der Rambla de les Flors entwarf) und Tomàs Morató, ist ein lehrhaftes Beispiel von Kunst und Architektur auf engstem Raum.

DESIGN AUF HÖCHSTEM NIVEAU

17 Hotel Omm

106

BARCELONA-DESIGN

18 Roser i Francesc

Carrer de València, 285

Obwohl dies eines jener Geschäfte ist, die halb verschwinden, weil sie so tief liegen, wirkt Roser i Francesc doch wie eine etablierte Eixample-Adresse für Mode – glänzend sauber, elegant, schick – mit schimmerndem Parkettboden und sorgsam geordneten Präsentationen. Allerdings ist das Sortiment weit interessanter als in den klassischeren Boutiquen am Passeig de Gràcia. Hier finden Sie innovatives Design der Damen- und Herrenmode des eigenen Labels sowie Kollektionen von David Valls, Antonio Miró (S. 162) und anderen unabhängigen spanischen Modemachern.

BEI MOO BEWEGT SICH WAS

19 Moo + Moo Vida

136

SCHLEMMER-TAKE-AWAY

20 Halagos

Carrer de València, 189

»Freuden« oder »Genüsse« (wie der Ladenname zu übersetzen ist) liefert Maite Leucía in der Tat in ihrem hübsch verpackten Geschäft für Delikatessen. Die Speisekarten verraten bereits, dass Katalanen ein Faible für Leberpastete haben – von Gänsen, Enten oder Hühnern. Davon verkauft Halagos verführerische Variationen (aus eigener Produktion), inklusive *cassoulet confit, mousse au foie* und *fritton.* Kommt einiges im Halagos-Sortiment durchaus aus Frankreich, so überwiegen bei Weinen, Likören, Käse, Schinken und Konfitüren doch katalanische oder spanische Produkte.

HOTSPOT IM EIXAMPLE

21 Hotel Axel

114

DIE NEUE EXOTIK

22 Semproniana

Carrer del Rosselló, 148

Noch während der ersten Welle der Designeuphorie in den Restaurants eröffnete Ada Parellada, Besitzerin und Küchenchefin in Personalunion, 1993 das Semproniana. Der Architekt Santiago Alegre unterstützte sie beim Umbau der ehemaligen Druckerei, sie selbst legte Hand an beim Dekor, einer bunten Mischung exotischer Romantik: dunkelpinkfarbene Wände, ganze Wolken transparenter Draperien und eine Vielzahl groß gemusterter Stoffe. Traditionelle und neue Küche werden den Gästen geboten, wenngleich die Speisekarte (katalanisch/spanisch) manchmal schräger klingt, als man es sich wünschen würde, und dem Service mehr Freundlichkeit gut zu Gesichte stünde. Genießen kann man hier trotzdem: Die Lasagne mit *butifarra negra* (Blutwurst) ist in mehr als einem Punkt à point.

KATALANISCHE NOBLESSE

23 Principal (El Principal del Tragaluz)

129

DIE SINNE VERWÖHNEN

24 Cinc Sentits

140

KATALANISCHES IN NEUER INTERPRETATION

25 Hisop

140

JEDE MENGE STAMMGÄSTE

26 Ovic

131

MODERNE WEINE UND TAPAS

27 Cata 1.81

152

FOTOPROFIS

28 Kowasa Gallery

Carrer de Mallorca, 235

Hinter Kowasa (gegründet 1992) steht die Idee, die europaweit beste Auswahl an Büchern über Fotografie zu führen. Publikationen über Kunst, Architektur und Design, Reise-, Natur- und Modefotografie sind hinzugekommen. Auch Fotojournalismus und die Anfänge der Fotografie sind gut vertreten. Die ernsthafte Auseinandersetzung mit dem Thema zeigt u. a. die Eröffnung einer Galerie für Fotokunst. Im Mittelpunkt steht die Fotografie in Spanien, entsprechend finden Ausstellungen statt. Kowasa besitzt selbst ein umfangreiches Archiv von Werken internationaler und spanischer Fotografen, darunter seltene Aufnahmen aus dem Bürgerkrieg.

ENTWORFEN FÜR DIE KUNST

29 Galeria Estrany de la Mota

Passatge de Mercader, 18

Eine von Europas angesehensten und innovativsten Galerien residiert in einem bürgerlichen Sträßchen abseits der Schlagadern der Eixample. Sie vertritt Spaniens größte Namen. Das edle Bild der Fassade findet seine Entsprechung in der extrem kühlen Atmosphäre im Innern. Das Interieur verrät eine »Vorliebe« für ultramoderne und experimentelle Kunst. Pep Agut, Antoni Abad, Thomas Ruff und Jean-Marc Bustamante sind präsent; die Wechselausstellungen machen mit neuen einheimischen und internationalen Namen bekannt.

DESIGNER-OUTLET DER AVANTGARDE

30 Hipòtesi

171

KUNSTHANDWERK MIT LEDER

31 Muxart

169

SCHNELLE NACHFOLGE

32 Tragaluz & Tragarapid

Passatge de la Concepció, 5

Tragaluz gehört zu den ersten Restaurants von Grupo Tragaluz (S. 129, Principal). Die Inspiration für den Namen kam durch das Tageslicht *(luz)*, denn eine Glaskonstruktion erhellt die überdachte Terrasse, auf der zwischen viel Grün wie in einem Wintergarten gespeist wird. Sandra Taruellas und Pepe Cortes' preisgekröntes Interieur sowie Xavier Mariscals grafische Beiträge – auch das Design der Speisekarte stammt von ihm – machten aus Tragaluz schon bei seiner Eröffnung 1990 einen Ort des Sehen-und-gesehen-Werdens. In der hippen Bar Tragarapid im Erdgeschoss serviert man Imbissgerichte. Tragaluz hat seit dem viel beachteten Start nichts von seiner Attraktivität verloren, die Küche aber konnte ihre hohe Reputation für die eleganten Fusion-Gerichte beständig ausbauen. Seeteufel mit schwarzen Oliven und Tomaten-Confit ist ein Beispiel für die Modernisierung eines traditionellen Gerichts. Und lassen Sie auf jeden Fall Platz für ein Dessert. Zu Grupo Tragaluz gehört auch das Restaurant El Japonés auf Nr. 2.

GLAMOURÖS UND STYLISH

33 Noti

Carrer de Roger de Llúria, 35–37

Lust auf ein Dinner in einem sehr gepflegten Ambiente, frische Mittelmeerküche mit französischen Nuancen, begleitet von leichtfüßigen Klangkapriolen eines Klaviers im Hintergrund? Noti wird Ihre Wünsche erfüllen. Francesc Pons entwarf dafür eine elegante, stilvolle Einrichtung in Schwarz und Rot – und wollte damit die Eleganz der 1940er spiegeln. Das Gebäude des Restaurants war einst Sitz einer lokalen Tageszeitung. 1965 gewann es den Architekturpreis der FAD, der Gesellschaft zur Förderung zeitgenössischen Designs und der Architektur. Die von Küchenchef Christian Crespin aufgelegte Karte mag nicht opulent sein, aber sie ist in ihren Details vom Feinsten und wohlüberlegt. Wenn Sie mit Stilettos und einer glamourösen Robe einen Auftritt zelebrieren wollen, dann hier.

ORIGINALDESIGN

34 Vinçon

Passeig de Gràcia, 96

Auf den ersten Blick gleicht Vinçon anderen Designkaufhäusern. Es führt alle namhaften internationalen Marken, aber da das Geschäft seit 1941 besteht und in einem historischen Gebäude etabliert ist (1899 von Josep Rovirà Rabassa entworfen), hat Vinçon den Status einer Ikone des Designs. Die Tragetaschen etwa werden regelmäßig von bekannten Künstlern designt. Außerdem findet man in dem Store viele Artikel junger spanischer Designer zu erschwinglichen Preisen. Besitzer Fernando Amat, eine berühmte Persönlichkeit in Barcelonas Welt der Kreativen, bestimmt mit sicherem Gespür Sortiment und Stil des Unternehmens. Bemerkenswertes spanisches Design entdeckt man bei Lampen, ferner bei Keramik sowie in der harmonischen Kollektion der Glasarbeiten von Vidreco: Nirgendwo sonst können Sie diese kaufen. Selbst wenn Sie keine Schiffsfracht nach Hause schicken wollen, lohnt sich ein Streifzug durch die Möbelabteilung im ersten Stock, die sich auf einer Terrasse fortsetzt; dort haben Sie sogar einen Blick auf La Pedrera (s. unten).

MÄNNLICH EXKLUSIV

35 M69

163

BAROCK PLUS

36 Josep Font

165

GAUDÍ IN REINKULTUR

37 Casa Milà / La Pedrera

Passeig de Gràcia, 92

Die Bank Caixa de Catalunya ist heute stolze Besitzerin des 1906–1910 von Antoni Gaudí für die Familie Milà gebauten Häuserblocks. La Pedrera, den Steinbruch, hatte man spöttisch das Eckhaus wegen seiner ungewöhnlichen Fassade genannt – und es drohte Gefahr, dass es zu einem Steinbruch werden würde, hätte die Caixa nicht durch eine Sanierung (seit 1991) den Verfall gestoppt. Zugänglich sind der erste Innenhof, der Gaudís organische Formensprache exemplarisch vor Augen führt, Räume in der ersten Etage sowie das Dachgeschoss. Espai Gaudí genannt, zeigt es eine Dokumentation zu Leben und Werk des genialen Architekten. Im Zuge der Sanierung hat man nicht originale Trennwände beseitigt und Gaudís einzigartige elliptische Dachstuhlkonstruktion im Stil der Gotik freigelegt. Auf der Dachterrasse wandert man durch eine Märchenlandschaft gaudíschen Charakters (im Sommer werden abends Erfrischungen auf der Terrasse serviert; S. 153). Im vierten Stock hat man die Wohnung einer bürgerlichen Familie vom Beginn des 20. Jhs. rekonstruiert. Der Rundgang endet in einem Verkaufsraum, dessen vielfältiges Angebot den Stil des Modernisme aufgreift.

COCKTAIL IN GAUDÍSCHEN FANTASIEWELTEN

38 La Pedrera at Night

153

KATALANISCHES FORUM

39 Palau Robert

Passeig de Gràcia, 107

Im Jahr 1997 fand dieses neoklassizistische Palais eine neue Bestimmung als Ausstellungsgebäude für katalanische Kunst und Kultur sowie als Informationsstelle für Touristen (Centre d'Informació de Catalunya). Außerdem finden im Palau Konzerte statt und man veranstaltet Schlemmerabende mit den führenden Kochmützen Kataloniens, z. B. Ferran Adrià, Kataloniens Kochpapst und Maestro des El Bulli (S. 180), sowie Xavier Pellicer, der für sein Restaurant Àbac im Jahr 2000 einen Michelin-Stern verliehen bekam. Die kleine Buchhandlung führt primär Publikationen zu Katalonien. Durch die Halle gelangt man in die Oase des Palmengartens.

DINNER MIT GAUDÍ

40 Casa Calvet

Carrer de Casp, 48

Dieses Restaurant genießt den Vorzug, in einem der herausragenden Gebäude des Modernisme, Gaudís erstem Wohnhaus in der Eixample, untergebracht zu sein. Zum Genuss für das Auge – ob an der Fassade oder im Innern, wo die Fliesenarbeiten, bunten Glasornamente und feinen Holzarbeiten geradezu überwältigen – offeriert die Casa Calvet eine exzellente Auswahl katalanischer Spezialitäten. Das ebenfalls angebotene *Menú degustació* kitzelt den Gaumen unter anderem mit Entenleberpastete, Artischocken auf einem Bett im Backofen gegarter Zwiebeln mit Mandelcreme, Seeteufel in Kräuteröl, Wild mit dem Aroma von Wacholder und einer Rote-Johannisbeeren-Sauce sowie mit einer nicht weniger verführerischen Auswahl von Desserts. Weinkarte und Service haben einen ebenso hohen Standard. In der Casa Calvet eröffnet sich die Möglichkeit, zwei strahlende Facetten der katalanischen Kultur zu erleben.

Gràcia
Zona Alta

TIBIDABO
28
27
SANT JUST DESVERN
SARRIÀ
32
Museu Monestir de Pedralbes
Parc Font del Racó
Plaça del Funicular
26
Plaça del Doctor Andreu
Funicular al Tibidabo
Tramvia Blau
25
Plaça de John F. Kennedy
Plaça de la Bonanova
AVINGUDA TIBIDABO
SARRIÀ
BONANOVA
SANT GERVASI DE CASSOLES
VALLCARCA
MONTBAU
Parc la Crueta del Coll
Parc La Clota
VALL D'HEBRON
MONTBAU
MUNDET
30
HORTA
29
Parc Güell
31
CARMEL
Parc del Guinardó
GUINARDÓ
Ronda del General Mitre
Plaça Lesseps
LESSEPS
GRÀCIA
Travessera de Dalt
Ronda del Guinardó
ALFONS X
GUINARDÓ
Hospital de la Santa Creu i de Sant Pau
MARIA CRISTINA
Plaça de Prat de la Riba
LA BONANOVA
18
23
24
Via Augusta
12
Casa Vicens
7
5
Plaça de la Virreina
FONTANA
JOANIC
22
17
8
4
13
10
9
6
19
15
16
21
20
14
11
3
2
1
Gran Via de Carles III
Avinguda Diagonal
EIXAMPLE
CAMP DE L'ARPA
Avinguda de l'Estatut de Catalunya
Passeig de la Bonanova
Carrer de Pau Alcover
Carrer de Muntaner
Carrer de Balmes
Carrer de Verdi
Carrer de Sant Elies
Carrer del Montseny Perla
Carrer de Sant Lluís
Travessera de Gràcia
Carrer de Sant Antoni Maria Claret
Carrer de la Indústria
Carrer de Còrsega
Carrer de Pau Claris
Passeig de Gràcia
Rambla de Catalunya
Passeig de Sant Joan
Carrer de Bailèn
Carrer de Sardenya
Carrer de Padilla
Avinguda de Pedralbes
1 Kilometer

Wo sich der Passeig de Gràcia im Nordwesten langsam zum Carrer de Gran de Gràcia verengt, da verliert auch Barcelona sein großstädtisches Gepräge. Gràcia ist eines jener Dörfer, das mit der Stadterweiterung der Eixample nach Barcelona eingemeindet wurde. Es ist durchzogen von einem verwirrenden Netz schmaler Straßen (viele davon mit Einbahnverkehr) und bewahrte sich den Kleinstadtcharme auf seinen Plaças mit den hübschen Straßencafés. Das Stadterneuerungsprogramm der 1980er-Jahre verbannte den Verkehr von den Plätzen und verlegte die Parkflächen in den Untergrund. Dafür holte man geschmackvolles Parkmobiliar und Bäume in den öffentlichen Raum, z. B. auf die Plaça del Sol (S. 92), die zu einem überaus beliebten Treffpunkt wurde: für einen Lunch in der Nachmittagssonne oder den Drink mit Freunden in der Wärme des Abends. Der Modernisme spielt hier kaum eine Rolle, eher schmücken Malereien oder schmiedeeiserne Gitter die Häuser – ausgenommen Gaudís erstes Bauprojekt: die Casa Vicens (S. 92).

Die Neugestaltung der Plätze löste eine während der letzten Jahre ständig stärker werdende Welle der Popularität aus. Sie schwappte neue Besucher in die Cafés und ethnischen Restaurants, für die das Viertel immer bekannt war. Designer und Ladenbesitzer mit Unternehmergeist haben eine für Gràcia typische Art von Boutiquen entstehen lassen, und zwei der wichtigsten Personen in Barcelonas Designszene, Lydia Delgado für Mode (S. 167) und Jaume Tresserra für Einrichtung (S. 98), eröffneten Geschäfte und Showrooms hier. Abgesehen von der Fülle an Cafés besitzt Gràcia eine lange Reihe außergewöhnlicher Restaurants, neu oder auch lang etabliert. Von der intimen Atmosphäre des Ot (S. 138) bis zur Haute Cuisine eines Jean Luc Figueras (S. 91), vom diskreten Luxus bei Roig Robi bis zur radikalen Innovation des El Racó d'en Freixa (S. 141) ist dieses Quartier ein Mikrokosmos der katalanischen Küche. Die Krönung dieses kreativen, epikureischen Glanzes ist Gaudís atemberaubender Parc Güell.

Jenseits des Vorstadtcharmes von Gràcia lockt Ländlichkeit, aber auch Finesse in die Zona Alta. Im Westen, wo Ricardo Bofill sein kontroverses Siedlungsprojekt Walden 7 in den 1970ern realisierte, haben junge Kreative ein Nachtclub-Restaurant geschaffen und Bofills futuristische Ansätze dezidiert fortgeführt (S. 98). Östlich davon führt das alte Kloster von Pedralbes um Jahrhunderte zurück in die Zeit der Gotik. Restaurants wie La Venta (S. 127) und La Balsa (S. 98) vereinen eine bezaubernde Lage in den Hügeln und den Blick über die Stadt mit kulinarisch unvergesslichen Erlebnissen fern der Massen, bereiten Momente des reinen Genusses – bei Tage und bei Nacht.

BUN

EL GLO
~SUGGERIMENTS "EL GLOP"~
-Broxeta de cep i llagostins.
-Espaguetis carbonara
-Filet de vedella a l'oporto.
-Llug a la basca.
-Carpaccio de salmó i bacallà

BUNYO

SÜSS UND LEICHT

1 Xurreria Trebol

Carrer de Córsega, 341

Es gibt keine Sitzgelegenheiten, nicht einmal eine Bar, in diesem winzigen Churro-Himmel am Rande der Eixample. Ohnehin würden Sie die *churros* (einfach oder gefüllt mit *dulce de leche,* einer Art Creme) und Küchlein mit *cabellos de ángel* (»Engelshaar«, eine Eimasse) schon gegessen haben, ehe Sie sitzen, so gut sind sie hier. Seit 1952 versorgt die Xurreria die Laufkundschaft des Carrer de Córsega und Passeig de Gràcia mit dem Nachmittagssnack. Und wenn Sie noch ein paar Meter gehen, haben Sie einen perfekten Blick auf die Casa Comalat (Nr. 316; von Salvador Valeri i Pupurull, 1911) in ihrer rosa-grünen Modernisme-Pracht, während sie ein weiteres *churro* knuspern – kross und zuckrig außen, weich und locker der Teig innen …

DER NAME DER HAUTE CUISINE

2 Jean Luc Figueras

Carrer de Santa Teresa, 10

Jean Luc Figueras gilt bereits als Ziehvater einiger junger Küchentalente in Barcelona und führt dabei seit Jahren eines der unangefochten besten Restaurants der Stadt. Der Raum – früher Atelier und Showroom des Modedesigners Cristóbal Balenciaga – trug das Seine zum Erfolg bei. Doch zweifelsohne bedarf kulinarische Perfektion nicht einer glamourösen Kulisse. Der Salat von Jakobsmuscheln mit Linsen und *tocinillos* (kleinen Puddings aus Eigelb), Lachsfilet mit einer weißen Trüffelcreme, kalte Rosmarin- und Orangensuppe mit feiner schwarzer Olivenpaste und Walnüssen gehören zu der Auswahl traditioneller Speisen, die einen starken französischen Einfluss erkennen lassen. Gleiches gilt für das kühne *Menú degustació* und eine Handvoll Nachspeisen, die Jean Luc Figueras höchstselbst zubereitet und die ein verzückter Gast einmal als Genuss, »der alles bisher Gekannte in den Schatten stellt«, beschrieb.

GOURMET-SENSATIONEN

3 Ot

138

FEINE HAUSMANNSKOST

4 Taverna El Glop

Carrer de Sant Lluís, 24

Niedrige Decken, Holzbalken, karierte Tischdecken und signierte Fotos an den Wänden – hier fühlt sich der Gast willkommen. Auch der wintergartenähnliche Teil der Taverna hat seine Stammkunden, die in der gemütlichen Atmosphäre gerne herzhafte Eintopfgerichte, Fleisch und Fisch vom Grill zu einem Krug katalanischen Weins genießen. Unter den wechselnden Spezialitäten des Tages sind Lachsravioli, Seeteufel- und Scampispieße sowie gebackener Seebarsch.

CAFÉADRESSE

5 Plaça de la Virreina

Auch ihr gaben Bach und Mora (S. 92, Plaça del Sol) einen neuen Look zugunsten der Fußgänger. Ihre Nordseite beherrscht die Kirche Sant Joan, nach Süden markiert ein hoher Turm den Anfang des Carrer de Torrijos. Rund um die Plaça liegen nette Cafés: schön, um in Ruhe nachmittags eine Kleinigkeit zu essen oder sich bei einem Kaffee zu entspannen.

IM RICHTIGEN LICHT

6 Café Salambo

Carrer de Torrijos, 51

Wenn abends allmählich die Kinder von den Plätzen verschwinden, beginnt die Zeit des Flanierens in den Gassen von Gràcia. Beliebtes Ziel ist der Carrer de Torrijos, bestens bestückt mit interessanten Geschäften und Cafés. Die Café-Bar Salambo gehört sicher zu den attraktivsten in Gràcia. Das Erdgeschoss lädt mit verschnörkelten Iroko-Holzbänken zum Lesen, Plaudern und zu einem Drink ein. Ein Stockwerk höher werden an den Tischen sowie an der Bar leckere kleine Gerichte, Tapas, Wein und heiße Getränke serviert.

KATALANISCH-IRAKISCHE FUSION

7 Mesopotamia

Carrer de Verdi, 65

Unweit westlich der Plaça Virreina entdeckt man einen der exotischeren Genüsse Gràcias (und auch Barcelonas). Mesopotamia ist ein irakisches Restaurant, das neue Erfahrungen verspricht. Sein helles Dekor, Lehmwände und Friese assoziieren den Orient, das Personal ist freundlich und das junge Publikum aus der Künstlerszene. Unter den interessanten, klassisch arabischen Gerichten verlocken Huhn gekocht in Rosenwasser und Gemüse in Joghurtsaucen mit Reis. Die ganze Vielfalt der Aromen entfaltet sich auf einer gemischten Platte mit vielen verschiedenen Häppchen. Vergessen Sie anschließend nicht, bei Suite (Carrer de Verdi, 3–5; weiter südlich) einen Blick auf die Designermode zu werfen.

KATALANISCHES THEATER

8 Lliure de Gràcia

Carrer del Montseny, 47

Lliure de Gràcia ist eine Bühne der Lliure-Theatergruppe mit eigenen Schauspielern und Regisseuren. Sie betreibt auch das für experimentelles Tanztheater bekannte Teatre Fabià Puigserver auf dem Montjuïc. In Gràcia werden Dramen von Shakespeare bis zu zeitgenössischen katalanischen Autoren, Dichterlesungen sowie Konzerte klassischer Musik geboten. Im Gebäude gibt es ein Restaurant, aber mit Lokalen wie El Glop, Mesopotamia (S. 99), Botafumeiro (s. u.) und Octubre (S. 94) ganz in der Nähe hat man genügend Auswahlmöglichkeiten, um vor oder nach einer Aufführung zu dinieren (Vorstellungsbeginn 21.30 Uhr, So 18.30 Uhr).

DER PLATZ AN DER SONNE

9 Plaça del Sol – Café del Sol

Schmale Häuser aus dem 19. Jh. umrahmen die kleine gepflasterte Plaça, einige ganz im Stil eines provinziellen Modernisme verziert mit floralen oder geometrischen Motiven, die in den Putz eingraviert sind *(esgrafiats)*. In den 1980ern gestalteten Jaume Bach und Gabriel Mora den Platz vollständig um, verlegten Parkflächen in eine Tiefgarage und ließen Bäume pflanzen. Ihr Charme und die schönen Seiten der Plaça kommen vor allem an den warmen Sommerabenden und in den Nächten zur Geltung, wenn Jung und Alt sich treffen. Unter den Bars gilt das Café del Sol als der Klassiker. Es wirkt auf den ersten Blick vielleicht wie ein Touristenlokal, ehe man sich umsieht und zwischen all den jungen Leuten auch das Klavier im hinteren Teil entdeckt. Bei gutem Wetter sind Bar und die Tische draußen schnell besetzt. Aber was hindert Sie, sich wie die Einheimischen mit Ihrem Drink auf die Plaça zu stellen …

MAURISCHES TEEAMBIENTE

10 Teteria Jazmín

Carrer de Maspons, 11

Seit Langem hat Gràcia eine ethnisch bunt gemischte Bevölkerung und daher einen besonderen Reiz. Jazmín (eine von Barcelonas einzigartigen Tee-Bars, vgl. Salterio, S. 22) zählt zu den interessantesten Adressen im Viertel. Die in heiteren Farben gestrichene Tee-Bar mit ihren runden Bogen, intimen Sitzgruppen und der bunten Mosaikdekoration wirkt wunderbar einladend. Serviert werden eine reiche Auswahl an exotischen Tees sowie Cocktails – von 18 Uhr bis 2 Uhr morgens.

PERFEKTION DER MODE

11 Lydia Delgado

167

GAUDÍS PREMIERE

12 Casa Vicens

Carrer de les Carolines, 24

Einlass wird leider nicht gewährt, aber allein die Fassaden werden Sie sprachlos machen. Antoni Gaudís erster größerer Bauauftrag ist ein früher Fanfarenstoß der Modernisme-Bewegung – und dabei eine optische Kakofonie. Für den Mix unterschiedlichster Materialien sollte der Architekt später berühmt werden. Deutlich zeigt die Fassade mudejare Anleihen. Hier kombiniert Gaudí schwungvolles Eisenwerk (mit pflanzlichen Motiven) und grün-gelbe florale Kacheln, die wiederum mit den Backsteinmauern kontrastieren. Er dekoriert mit stilisierten maurischen Bögen, Steinplastik und immer wieder Fliesen. Deren Fülle steht in Zusammenhang mit der Profession des Auftraggebers, dem Fliesenfabrikanten Manuel Vicens Montaner, der wahrscheinlich hocherfreut war über die Open-Air-Ausstellung von derart grandiosem Effekt. Verschwunden sind ein Aussichtspavillon und fast der gesamte Garten. Trotz dieser Tatsache und Anbauten anderer Architekten verkörpert die Casa Vicens den Genius des jungen Gaudí, eines der innovativsten Architekten der Welt.

DAS MEER AUF DEM HÜGEL

13 Botafumeiro

Carrer Gran de Gràcia, 81

Die Wellen branden nicht an die Wände, aber das große luxuriöse Botafumeiro lenkt den Blick zum Meer mit seiner unverkennbar nautischen Einrichtung und einer Speisekarte, die die galicische Orientierung der Küche verrät. In elegante Anzüge gekleidete Männer rauchen hier Zigarren, Paare und Gruppen nippen am Champagner, und nahezu jeder speist mit Verzückung Austern, Scampi, Tintenfisch, Venus- und Herzmuscheln, nicht zu vergessen den Seebarsch, eine Seezunge in Butter mit kleinsten Krabben und gegrillten Seehecht. Botafumeiro rangiert in der Gruppe der etablierten, eleganten und teuren Speiselokale der Stadt. Expräsident Bill Clinton, Spaniens König Juan Carlos und Julio Iglesias tafelten hier. Die Kellner servieren in weißen Anzügen mit Messingknöpfen und Epauletten und signalisieren damit die maritime Linie des Botafumeiro, die Riege der »Künstler« in der Küche führt Moncho Neira an, der das Restaurant im Jahr 1970 auch gegründet hat.

del

Camarones
Calamares
Espardeñas
Gambas

(AUF)REIZENDES INNENLEBEN

14 De Lis

Carrer del Comte de Salvatierra, 10 bis

Minzegrüne Wände und dunkles Mobiliar stünden auch einer hippen Bar gut zu Gesicht. In dem edlen Ambiente aber verkauft Lis Beltran außergewöhnliche Dessous. Die Designerin arbeitete zehn Jahre lang für größere Firmen, ehe sie 1998 den Entschluss fasste, eine eigene Wäschekollektion zu produzieren. Dies ist ihr erstes Geschäft, und das schlichte Design spiegelt den Stil ihrer *ropa interior* in satten dunklen Farben wider. Bei ihren Entwürfen denkt sie an »moderne, intelligente Frauen, die sich nicht für allzu Verspieltes interessieren, aber dennoch das Geheimnisvolle lieben«. Lis Beltrans Stil ist klare Absage an die Dessous-Romantik, richtet sich an Frauen, die Schönes und Praktisches suchen – und sich nicht für andere kleiden, sondern »für sich selbst«.

ZU JEDER JAHRESZEIT

15 Octubre

Carrer de Julián Romea, 18

Sogar wenn das Essen, eine Mischung der katalanischen und französischen Cuisine, nicht so vorzüglich zubereitet und im Preis angemessen wäre, würde einen ein Blick durch die kleinen Scheiben der Fenster ins Octubre locken: rustikale, gepflegte Behaglichkeit, schön gedeckte Tische vor Backsteinwänden, angenehmes Licht und dezente, moderne Dekoration. Octubre passt perfekt in die Provinzatmosphäre von Gràcia, wo die kleinen Lokale vorherrschen und voller Überraschungen stecken. So wie dieser sympathische »Oktober«.

SPANISCHES DESIGN

16 Caminseria Pons

164

BAROCKE RARITÄT

17 Capella de la Merced

Carrer de Laforja, 17

1795 erbaut, steht das Kirchlein heute eingezwängt zwischen Neuerem in einer schmalen Straße. Sein Inneres ist ein erstaunliches Feuerwerk der barocken Dekorationslust mit Marmor, kannelierten Pilastern und Säulen und Holzskulpturen, die in strahlenden Farben bemalt sind. Der Architekturvergleich kann krasser nicht ausfallen, stellt man die Kapelle neben die gotisch strengen Kirchenmonumente im Barri Gòtic oder in La Ribera.

DIE SPITZE DER EXTRAVAGANZ

18 El Racó d'en Freixa

141

GARTEN DES SURREALEN

19 Giardinetto

Carrer de la Granada del Penedès, 22

Diese Adresse kennt man seit 1974, als das von einem Arboretum inspirierte Interieur Federico Correa und Alfons Milà (Plaça Reial, S. 28; Flash-Flash, S. 97) einen bedeutenden Designpreis einbrachte: Wände mit grünem Filz bespannt und zur Decke hin gebogen, wo ein großer Spiegel mit Blattmuster die Illusion einer überhängenden Baumkrone weckt. Ein weiterer Spiegelbaum lenkt den Blick auf die Bar im Erdgeschoss. Wie der Name ahnen lässt, gibt im Giardinetto Italien den Ton an – mit jeder Menge hausgemachter Pasta. Auf der Karte machen außerdem eine *ensalada al Algonquin Hotel Nueva York* neugierig und Küchenklassiker wie Rindfleisch im Kräutermantel. So viel Qualität hat ihren Preis; vermutlich müssen Sie reservieren, es sei denn, Sie setzen sich an die Bar und begnügen sich mit einem Gimlet oder etwas anderem in passendem Grün.

puravida

AVANTGARDE FÜR OMELETTS

20 Tortilleria Flash-Flash

Carrer de la Granada del Penedès, 25

Federico Correa und Alfons Milà (Giardinetto, S. 95) realisierten 1970 diese Hymne an die Fotografie und die Mode, und das heißt: Die weißen gepolsterten Sitznischen, die Bar und die Schwarz-Weiß-Fotos von Modell Karin Leiz sind die Originale! Die künstlerisch ambitionierten Intellektuellen zieht es nach wie vor ins Flash-Flash – schließlich gibt es dort Delikates: 100 verschiedene Arten von *tortillas,* den spanischen Omeletts.

ARGENTINISCHE NOTE

21 Pura Vida

Plaça Riu i Taulet, 11

Eine Hommage an die vielen im Gràcia lebenden Argentinier könnte man diese Boutique nennen. Und dass Mode in Argentinien immer wichtiger wird, ist nicht nur an der steigenden Zahl von Modelabels abzulesen, die Pura Vida führt. Auch die Nachfrage nimmt zu. Ein neues Geschäft in El Born (C. del Rec) trägt dem Rechnung – Pura Vida: Den Namen sollte man sich merken.

SKULPTUR UND JUWELEN

22 Raimon Ollé

Carrer de Santaló, 39–41

Glasvitrinen und nackte Wände sind kraftvoller Hintergrund für Raimon Ollés Kreationen: moderner Schmuck und keramische Skulpturen. Der Umgang mit beiden Materialien hat den Künstler stark beeinflusst, und so haben seine Gebilde Cross-over-Qualität. Zugleich verraten die klare Linie des Ladens und das zeitgemäße Design 60 Jahre höchster Professionalität.

SCHMACKHAFTER LUXUS

23 Semon + Semon 9

Carrer de Ganduxer, 31 (Semon)
Carrer de Santa Fe de Nou Mèxic, 25 (Semon 9)

Die Anfänge von Semon liegen in den 1960ern – damals ein Feinkostgeschäft für die eigene Marke von Lebensmitteln, die heute in Ladenfilialen, Restaurants und Bars in Barcelona, Madrid und Marbella verkauft werden. Die jüngste Filiale heißt Semon 9 und wurde attraktiv modern gestylt; das Angebot umfasst offene Weine bzw. Cava neben Produkten des Hauses. Im Ganduxer-Laden serviert der Imbiss ab 13 Uhr, Semon 9 öffnet um 9.30 Uhr und schenkt auch Kaffee aus.

MEISTER DER PERFEKTION IN HOLZ

24 Tresserra Collection

Carrer de Josep Bertrand, 17

In seinem Showroom scheinen die heiter-modernen und minimalistischen Walnussmöbel und -skulpturen vor dem weißen Hintergrund und auf dem Boden aus hellem Montjuïc-Stein zu schweben – ähnlich wie in den Räumen des Hotel Arts, die er konzipiert und ausgestattet hat. Jaume Tresserra ist Barcelonas erster Möbeldesigner. Seine Stücke waren in Filmen wie *Batman, Der Kuss vor dem Tode, Mein blühendes Geheimnis* und *Carne Tremulo* von Pedro Almodóvar zu sehen. In der Nobelwohngegend westlich von Gràcia stellt Tresserra nur 40 Teile seiner perfektionistischen Kollektion aus. Wenn Ihnen die seidenweichen Oberflächen der Holzgebilde sanfte Schauder über den Rücken jagen, können Sie nur mit einer *copa a la Francés* bei L'Excellence du Sens du Vin nebenan die Fassung wiedergewinnen.

JENSEITS DER STADT

25 La Balsa

Carrer de la Infanta Isabel, 4

Dieses wundervoll abgelegene Restaurant auf einem steilen Hügel in einer ruhigen Wohnstraße von Bonanova ist das Werk von Oscar Tusquets und Lluis Clotet, die dafür 1979 einen viel beachteten Designpreis verliehen bekamen. Der Eingang liegt beinahe verborgen zwischen üppigem Grün, nur ein schmaler Kiesweg führt zu einem Eisentor mit einem Ameisenmotiv und einem Schild daneben an der Wand. Innerhalb des Hofes gelangt man über eine Treppe hinauf zum Hauptrestaurant: eine Art Wintergarten mit vielen Pflanzen im Innern und einer großen Terrasse, die ebenfalls in Grün gerahmt ist. Schon die Lage lohnt den Ausflug hierher – und die Küche erfüllt alle Erwartungen. Trotz des »internationalen« Etiketts operiert man geschmackvoll mit katalanisch-spanischen Basics. Unter den Vorspeisen sind *escudella depagès* (Eintopf) und *crema de berros con huevo poche* (Brunnenkresse-Cremesuppe mit pochiertem Ei). *Croquetas de pescado y gambas con salsa estragón* (Fisch-Krabben-Kroketten in Estragonsauce), Eintopf mit Blutwurst *(morcilla), chorizo* (eine Art Salami vom Schwein) und Kichererbsen oder Seehecht *(merluza)* in Tintenfischsauce sind die Stars der »Standards«, deren Palette täglich andere Spezialitäten abrunden.

DEN HÜGELN ENTGEGEN

26 La Venta

127

LOST IN MUSIC

27 Walden 8

Avinguda de la Indústria, 12, Sant Just Desvern

Es lag nahe, einen Bezug zu Walden 7 herzustellen, zu Ricardo Bofills Apartmentblock, der in gesuchter geometrischer Asymmetrie hier Nachbar ist. Walden 8 aber ist ein im Trend des späten 20. Jhs. konzipierter Tanzclub, entstanden aus dem entkernten Gebäude einer Fabrikanlage. Allerdings steht Walden 8 für mehr als nur Spotlights und eiserne Galerien. Ein ehrgeiziges Designkonzept verknüpft verschiedene Bereiche: Ein Restaurant legt sich in 30 m Höhe um den Kamin der alten Zementfabrik und gewährt ein wunderbares Panorama der Landschaft. Höher hinauf, genauer bis auf 90 m, katapultiert einen der gläserne Aufzug an der Außenseite des Schornsteins. Die »House«-Ebene im Untergeschoss umfasst ringförmige Tanzflächen, Chill-out-Zonen und serviert coole Drinks, während der schnellere Beat der Techno-Ebene in die höhlenartigen Räume eines surrealen Designs drängt. Getanzt wird von Mitternacht bis fünf Uhr morgens; das Restaurant öffnet um 20.30 Uhr.

FERNBLICK DE LUXE

28 Hotel La Florida

120

VERERBTE WERTE

29 Gaig

Passeig de Maragall, 402

Carles Gaig trat in die Fußstapfen seiner Familie. 1869 – wie die Fassade dem Besucher stolz verkündet – hatten die Urgroßeltern das Luxusrestaurant gegründet, doch ist Gaigs Interpretation der katalanischen Küche alles andere als antiquiert. Gebäude und Einrichtung wirken frisch und elegant, und auch die Zusammenstellung der Gerichte ist jung und erfinderisch. 1993 wurde Gaig ein Michelin-Stern verliehen, 2000 ein nationaler Gastronomiepreis. Das Menü besticht mit Vorspeisen wie *bunyols de bacallà* (Stockfisch als lockere Krokette) und verschiedensten Hauptgerichten, etwa gebratenem Täubchen oder frischem Fisch, jeweils gefolgt von den verführerischen Desserts. Unwiderstehlich die puddingdicke heiße Schokolade mit gedünsteten Nektarinen und Joghurt. So ernst wie das Essen nimmt man hier auch den Wein.

RUSTIKALES FLAIR

30 Can Travi Nou

132

RESSERRA
OLLECTION

RESTAURANT
DES DE 1869

RESTAURANTE La Balsa
Abierto de Lunes noche a Sábado noche.
De 14.00 a 15.30 y de 21.00 a 23.30 h.
Teléfono: 93 211 50 48

GAUDÍ IM WUNDERLAND

31 Parc Güell

Carrer d'Olot s/n

1984 von der UNESCO zum Weltkulturerbe erklärt, war der Parc Güell nach der Sagrada Familia Antoni Gaudís ehrgeizigstes Projekt (1900–1914). Der Fläche nach ist es auch sein größtes: Auf 20 ha baute er in die Natur Pfortenhäuser, Brunnen, Gehwege unter Arkaden oder auf Stelzen sowie Aussichtsterrassen. Großartigstes Element bleibt die von Säulen gestützte, mit Mosaiken an der Decke überzogene Halle am Ende einer Treppe, über die eine bunte Eidechse wacht. Die Säulenhalle war als Marktplatz gedacht, die Schlangenbank auf der Terrasse darüber überzog Gaudís Partner Josep M. Jujol mit einem farbenprächtigen Bruchfliesenmosaik *(trencadís)*. Gaudís Auftraggeber Eusebi Güell (S. 63, Palau Güell) hatte die Vision eines Parks im englischen Stil, der das Zentrum einer von ihm geplanten Gartenstadt der Elite werden sollte. Der Reiz der Anlage liegt vor allem darin, dass Gaudí insistierte, mit den bestehenden unruhigen Hangformen zu arbeiten. Er spielte mit den Ebenen und schuf zahlreiche schöne Aussichtspunkte. Die Häuser wurden nie realisiert, der Park mit all seinen idealistischen Zügen aber ist das staunenswerte Werk eines Genies, das hier seine Kreativität ohne finanzielle Einschränkung ausleben und umsetzen konnte.

KLÖSTERLICHE STRENGE

32 Monestir de Pedralbes

Baixada del Monestir, 9

Auf dem Gebiet der *petras albas* (weißen Felsen), seinerzeit weit außerhalb der Stadt gelegen, stiftete im 14. Jh. Königin Elisenda de Montcada, Frau des Königs Jaume II., ein Klarissenkloster. Kirche und Konvent erbaute man im Stil der katalanischen Gotik, wobei der dreistöckige Kreuzgang von außergewöhnlicher Schönheit ist und ebenso gut erhalten wie viele andere Bauteile. Ein Fresko (14. Jh.) in der Kapelle Sant Miquel überrascht in seiner außergewöhnlichen Leuchtkraft. Das Dormitorium der Nonnen ist durch seine Größe heute ein idealer Ausstellungsraum für Gemälde.

Barcelonas Style-Adressen

Schlafen • Essen • Trinken
Shopping • Raus aus der Stadt

Schlafen

Der Trend der raffiniert-luxuriösen Boutique-Hotels hat auch Barcelona voll erfasst. So findet sich in dieser im Höchstmaß designbewussten Stadt eine breite bunte Palette von Unterkünften: von spottbilligen Pensionen bis zu pompösen Grandhotels, von »Klassikern« der 1950er-Jahre bis zu den abgefahrensten Designerkreationen. Und die besten unter ihnen können mit den renommiertesten und größten Hotels anderer Großstädte spielend konkurrieren. Jede der hier beschriebenen Adressen bietet etwas Außergewöhnliches, das sie erwähnenswert macht – nicht nur als Unterkunft an sich, sondern auch innerhalb der Stadt Barcelona selbst. Außerdem sind die meisten nur einen Steinwurf entfernt von einigen der schönsten Sehenswürdigkeiten Europas.

DESIGN AUF HÖCHSTEM NIVEAU

74 **Hotel Omm**

17 Carrer del Rosselló, 265

DZ ab € 115

Mit diesem Hotel hat sich das Unternehmen Grupo Tragaluz, bekannt für seine herausragenden Restaurants überall in der Stadt, auf neues Terrain gewagt. Überaus bemerkenswert ist das Ergebnis der Zusammenarbeit des Architekten Juli Capella mit den Interior-Designern Sandra Tarruella und Isabel Lopez. Geschäftsreisende wie Touristen fühlen sich hier gleichermaßen wohl, vereint das Omm doch eine hervorragende Lage unweit des Shoppingboulevards Passeig de Gràcia mit der Qualität eines luxuriös-modernen Stadthotels. 2005 erhielt das Hotel bei den Travel & Leisure Design Awards in New York die Höchstnote in der Kategorie der Häuser bis 75 Zimmer. Sein aufsehenerregendes Design spiegeln nicht nur die von strengen Linien geprägte Lobby sowie die Cocktailbar, in der sich Hausgäste ebenso gerne niederlassen wie Barcelonesen, sondern auch der Kontrast zwischen den kühlen Gängen in gedämpftem Licht und den luftig und hell wirkenden Zimmern (insgesamt 59 auf sechs Etagen). Was man sich als Reisender von Bett, Bad & Co. so erwartet – hier werden die Wünsche erfüllt, auch ein fulminantes Soundsystem und Internetanschluss sprechen für Perfektionismus.

Eine der überzeugendsten Einrichtungen des Hotels ist – abgesehen von den grandiosen Restaurants Moo + Moo Vida (S. 136) – die Dachterrasse mit dem Swimmingpool für die morgendliche Erfrischung vor oder nach dem Frühstück und einem unvergleichlichen Blick über das Häusermeer der Eixample hinüber zu Gaudís Casa Milà (S. 85) und weiter bis zum Hafen. Im Untergeschoss des Hotels hat Barcelonas Nightlife eine neue, aufregende Adresse: Ommessions. Regelmäßig finden in dem Club Liveauftritte statt, und von Donnerstag bis Samstag wummern die Boxen während der DJ-Sessions bis morgens um halb vier.

ALTSPANISCHES FLAIR

54 **Hotel Mesón Castilla**

30 Carrer de Valldonzella, 5

DZ ab € 130

Mit einer in Barcelona seltenen Note spanischen Kolonialstils verquicken sich im Mesón Castilla der Charme der Alten Welt mit den Annehmlichkeiten der Moderne – und dies nur wenige Schritte entfernt von der Plaça de Catalunya, einem der großen Dreh- und Angelpunkte der Stadt. 1952 eröffnet, repräsentiert das Hotel eine kleine eigene Welt. Die 57 Zimmer liegen über fünf Etagen verteilt. Die im ersten Obergeschoss sind noch Teil des früheren Hotels und besitzen zweifellos am meisten Charakter: mit schwerem Mobiliar und gemalten Blütenmotiven, die sich über Holzpaneele ranken. Auf jedem Stockwerk laden Lounges mit weichen Sofas, Sesseln und Zeitungen zum Lesen ein; jene der ersten Etage ist am aufwendigsten gestaltet. Hier findet sich auch ein Aufenthaltsraum (mit TV) gleich neben dem großzügigen Frühstücksraum. Opulente morgendliche Büfetts erwarten dort die Gäste, die den Tag auf der Terrasse beginnen können. Die Zimmer der obersten Stockwerke sind nüchterner, dennoch lassen sie außergewöhnliche Akzente durch dekorative Elemente und Antiquitäten nicht vermissen. Ohnehin gefällt im ganzen Hotel die tadellose, stimmige Einrichtung. Zum Standard der Ausstattung gehören TV, Klimaanlage und Minibar. Einige Zimmer haben Balkone, manche eignen sich in ihrer Großzügigkeit gut für Familien. Auch eine Tiefgarage steht den Gästen zur Verfügung. Die Zimmer mit Blick zur Straße sind etwas heller und luftiger als die übrigen – es lohnt sich also, nach ihnen zu fragen. Aus der Küche des Hauses kommt nur das Frühstück. Dafür liegen in dieser Gegend jede Menge Restaurants und Tapas-Bars.

Rundum prägt schlichte Eleganz das Mesón Castilla. Der Service geht reibungslos vonstatten, die Inneneinrichtung wurde modernisiert und ihr Stil dem zeitgenössischen Geschmack angepasst, ohne zu übertreiben. Sehr nahe zu den Rambles, der Plaça de Catalunya, der Universität und MACBA, dem Museum für zeitgenössische Kunst (S. 65), gelegen, verströmt das Hotel Ruhe und leistet einen zuverlässigen Service.

MODISCHER NEUER LIEBLING

38 **Hotel Banys Orientals**

2 Carrer de l'Argenteria, 37

DZ ab € 100

An einem Ort wie diesem schießt einem beim ersten Blick durch den Kopf: »Hier hatte jemand eine großartige Idee.« Das Banys Orientals zählt zu den neueren Hotels der Stadt, und dabei findet man wenige in besserer Lage, um die Altstadt zu erkunden, oder mit geschmackvollerem modernem Interieur. Der Carrer de Montcada (S. 44) liegt um die Ecke und ein paar Schritte von der Hoteltüre entfernt die faszinierende Kirche Santa Maria del Mar (S. 40). Obwohl das Banys Orientals viele Hotels in seinem sicheren Gefühl für Design übertrifft, verblüfft es mit fairen Preisen. Dieses Hotel zwischen den kulturellen Glanzlichtern des Barri Gòtic und der lebendigen Abendmeile Passeig del Born würde jede Stadt schmücken, aber in einer so bezaubernden Stadt wie Barcelona fühlt man sich hier genau an der richtigen Stelle.

Die Lobby sowie die 44 Zimmer wurden in einem minimalistischen Stil eingerichtet, allerdings mit dunklem Holz, das warm wirkt, einigen Antiquitäten, geschickt platzierten Kunstwerken und bemerkenswerten Designobjekten wie Pfostenbetten und Stühlen von Philippe Starck. Deren Wirkung unterstreichen weiße Gazevorhänge und feine, stärkeglatte Bettwäsche. Es gibt keine Suiten, aber 11 Zimmer haben kleine Balkone zu den mittelalterlichen Gassen. Der erstaunlich moderne Charakter des Hotels spiegelt die Fusion von Kunst und Design, die sich im jüngst geadelten Viertel La Ribera vollzog. Weit mehr als ein oberflächlich aufgepepptes Hotel, steht das Banys Orientals auf einer Ebene mit den Trendsettern von New York und London.

Hinter dem Hotel (2002 eröffnet) steht eine private Investorengruppe. Unter ihren Mitgliedern ist der Besitzer des Restaurants Senyor Parellada im selben Gebäude. Diese Verbindung bedeutet konkret, dass man durch die Lobby das Restaurant betreten kann; dort wird das Frühstück serviert. Als Hotelgast werden Sie zudem bei der Tischreservierung bevorzugt. Kurz gesagt: Das perfekte Gespür für gutes, zeitgenössisches Design in einem Hotel in bester Lage – mit Toplocations zum Ausgehen, Sightseeing und Shopping in nächster Nähe – scheint ein Traum. Ein Glück, dass es keiner ist.

LÄSSIG, JUNG, UNKONVENTIONELL

54 **Hostal Gat Raval**

22 Carrer de Joaquín Costa, 44, 2. Etage

DZ ab € 50

Macht sich die junge Generation einer Madrider Hoteliersfamilie selbstständig, so verwundert es nicht, wenn sie wieder ins Hotelbusiness einsteigt, wohl aber, wenn sie dem Luxus entsagt. Es spricht für jugendliche Originalität, dass sie mit dem Hostal die Marktlücke für die gute, schlichte Dienstleistung bei Unterkünften erkannte, die vor allem junge Traveller anzieht. So wurde Gat Raval geboren: aus dem Mix eines frischen Hightechlooks mit den Basics einer Unterkunft (aber weniger Reglement als in einer Jugendherberge). Das Credo »lässig und einfach« wird überall spürbar. Aber die Gegend ist angesagt: inmitten des Raval, nicht weit vom künstlerischen Herzen des MACBA (S.65) in einer bisweilen lauten Straße. Deren einst wenig einladende Etablissements werden inzwischen renoviert und komplett umgestaltet, um trendige Lokale und Geschäfte anzulocken.

Die Zimmer haben total verschiedene Grundrisse (nur 8 der 24 Zimmer verfügen über ein eigenes Bad). Ebenso variiert der Ausblick: auf das MACBA oder den Innenhof. Elemente in Grün und Schwarz dämpfen grelles Licht, außerdem schmückt jeden Raum eine beleuchtete Fotografie des Raval. Essen müssen die Gäste außerhalb des Hostal. Aber La Boqueria (S. 61) in unmittelbarer Nähe und das bunte Angebot der Ethnoküche sowie vieler Restaurants im Viertel lassen das Thema Essen eher zur Qual der Wahl werden.

HOTSPOT IM EIXAMPLE

74

Hotel Axel

21 Carrer d'Aribau, 33

DZ ab € 135

Es nennt sich selbst Barcelonas erstes Gay-Hotel und betont im selben Atemzug, dass alle Heteros als Gäste willkommen sind. Das Hotel Axel liegt direkt im Zentrum der Eixample (oder »Gayxample«, wie es in den hauseigenen Informationen heißt), einem Viertel der katalanischen Hauptstadt, das sich den Freuden des Lebens voller Übermut hingibt. Besitzer Juan P. Juliá Blanch hat alle Kräfte aufgeboten, ein stilles Paradies für all jene zu schaffen, die sich erholsame Tage in der Stadt wünschen. Das Hotel Axel ist der perfekte Ort für eine Verabredung ebenso wie für einen genussvollen längeren Aufenthalt, denn der persönliche und aufmerksame Service, das einladende Ambiente und die Liebe zum Detail in der Ausstattung verleihen dem Haus seinen Charme. Viel Gespür für Design entdeckt man auch in »La Boutique del Hotel«. Sie führt so bekannte Marken der Herrencouture wie Helmut Lang und Moschino. Ferner gibt es eine Gay-Bibliothek mit einer umfangreichen Sammlung an Büchern und Zeitschriften.

Jedes der 66 Zimmer ist nicht nur bestens schallisoliert. Jedes hat seinen eigenen Einrichtungsstil und verfügt über mehr als den normalen Ausstattungskomfort: herrliche, extrabreite Betten mit daunenzarten Kissen, Fernseher mit Plasmabildschirm und Internetanschluss sowie von Emilio Lekuona entworfene Lichtelemente mit Originalfotografien. Natürlich punktet die Dachterrasse als eine der Hauptattraktionen des Hotels, ein warmer Ort, um die Sonne zu genießen, im Pool unterzutauchen oder in der finnischen Sauna, im Hamam oder im Jacuzzi zu relaxen. Jeden Donnerstag präsentiert das Axel von 22.30 bis 23.30 Uhr die spektakuläre Dragqueen-Show von Kyrra & Sharonne, sonntags trifft man sich zum Gay Tea Dance nach der »Teestunde«, zu der von 17 bis 20 Uhr süße und herzhafte Kleinigkeiten, Fruchtsäfte und Cocktails gereicht werden.

RENAISSANCE DER KÜHLE

38 Park Hotel

32 Avinguda del Marquès de l'Argentera, 11

DZ ab € 150

1957 eröffnet, wurde das Park Hotel ein Wahrzeichen der Fünfzigerjahre am Südrand von La Ribera, der Hafen nur wenige Schritte entfernt. Es verströmt das Flair eines Strandhotels, insbesondere da die Bar im Erdgeschoss noch ein Fenster für den Service zur Straße hin öffnen kann. Die Glasbausteine und türkisfarbenen Fliesen an den geschwungenen Fassadenecken zitieren die Moderne der 1950er, die auch im Innern vielfältig zu entdecken ist: in der Treppenhausspirale oder an der wunderbaren Retrobar selbst.

Der Entwurf stammt von dem Architekten Antoni Moragas i Gallissà, den u. a. Alvar Aalto und Gio Ponti beeinflusst hatten. In seiner Blüte war das Hotel ein Designpostulat. Es erlebte Zeiten des Niedergangs, aber auch seit der ersten Renovierung 1990 konstante bauliche Verbesserungen. 2001 entschied sich das Management, jedes Jahr ein Stockwerk zu renovieren. Diese Maßnahme lässt bei sieben Stockwerken und 91 Zimmern darauf schließen, dass man den Details große Aufmerksamkeit widmet. Die Vergrößerungen alter Fotografien in der Lobby sprechen für das Engagement des Besitzers, die »Glorie« der vergangenen Tage wieder aufleben zu lassen – und zeigen, wie cool es einst hier war. Ist von manchen Details im Wortsinne auch der Lack ab, so ist das Design dennoch so genial, dass kleine Makel unbedeutend werden. Nehmen Sie zu all diesen Vorzügen noch die Existenz des Restaurants Àbac (S. 128) im Parterre. Bis mittags dient es als Frühstücksraum und verwöhnt schon am Morgen mit edlem Ambiente. Danach wandelt sich das Àbac in einen Feinschmeckertempel, für den Sie rechtzeitig reservieren sollten.

Designelemente der 1950er blieben in den Zimmern erhalten, dunkelbraune Alcantarabezüge, dunkles Holz und Weiß hingegen setzen neue Akzente. Die Balkone überblicken den Boulevard und den Pla del Palau. Touristen wohnen hier ideal, um La Ribera oder Barceloneta zu erkunden und Tapas oder Meeresfrüchte zu schlemmen, von den Köstlichkeiten im Passadís del Pep (S. 126) und himmlischen Tapas in La Estrella de Plata (Pla del Palau) bis zu den traditionelleren Gerichten im Can Solé und 7 Portes (beide S. 51).

GENUSS FÜR DIE SINNE

14 **Hotel Neri**

8 Carrer de Sant Sever, 5

DZ ab € 170

Dieses bezaubernd moderne und behagliche Hotel entstand durch die geschmackvolle Neugestaltung eines Stadtpalastes aus dem 18. Jh. Man könnte sich keine bessere Lage vorstellen als die ruhige Ecke in einem sonst sehr belebten Teil des Barri Gòtic nahe der Kathedrale und nur einen Katzensprung entfernt von den angesagtesten Adressen der Stadt und ihren touristischen Sehenswürdigkeiten. Die eklektische Atmosphäre sowie die kontrastreiche, sinnliche Einrichtung, die an vielen Stellen versucht, die kargen Elemente der alten Gemäuer mit ultramodernem Design zu verweben, entpuppen sich als Genuss für alle Sinne, sobald man nur den Fuß in die Lobby setzt. Die fantasievolle Zusammenstellung der Farben auf den verschiedenen Stockwerken weckt eine beruhigende Stimmung, die der feine Duft von Akazie und Lavendel wundervoll abrundet. In einigen der 22 Zimmer schmücken noch die ursprünglichen Malereien aus dem 18. Jh. hohe Decken und das Mobiliar, wobei der derbe Charakter einiger Möbel einen spannenden Kontrast zu den Plasmabildschirmen der TV-Geräte bildet. Der Internetzugang in den Zimmern gehört zu den ultramodernen Annehmlichkeiten.

In der Lounge liegen Reiseführer über Barcelona und Katalonien, Romane einheimischer Autoren wie auch Reise- und Designzeitschriften aus. Für Meetings (eventuell verbunden mit einem Frühstück) steht ein Raum für bis zu zehn Personen zur Verfügung. Die Dachterrasse mit einer Dusche und einigen Hängematten lädt hingegen zum Sonnenbad oder zum Sundowner, wenn die Sonne hinter den Bergen im Westen versinkt. Im eleganten Restaurant mit Blick auf die Plaça Sant Felip Neri bietet die Küche Mediterran-Arabisches. Sie steht unter Leitung von Jordi Ruiz, einst Mitglied des Küchenteams im weltbekannten El Bulli (S. 180). Offeriert werden drei Varianten eines *Menú degustació*, jedes von ihnen kreiert nach den Grundsätzen der Frische und Tradition, aber fein nuanciert in seiner Präsentation und Zubereitung – und vorbehaltlos zu empfehlen.

88 Gran Hotel la Florida

28 Carretera de Vallvidrera al Tibidabo, 83–89
DZ ab € 360

Mit seinem verblüffenden Ausblick über die Stadt bis zum Meer und dem glanzvoll zur Schau getragenen Luxus ist das Gran Hotel de la Florida ein Juwel, das den Glanz vieler anderer überstrahlt. Es gehört zu Barcelonas jüngsten Hotels und gleichzeitig zu seinen ältesten. 300 Meter oberhalb der Stadt in den Tibidabo-Hügeln gelegen (heute nur 15 Autominuten vom Stadtzentrum entfernt), entstand 1925 unter Leitung von Ramón Raventós, dem einfallsreichen Architekten des Poble Espanyol (1929), ein imposantes Gebäude. Inzwischen steht es wie andere Noucentista-Bauten bekannter Jugendstil-Architekten unter Denkmalschutz. Eine erst kürzlich erfolgte (und überaus eindrucksvolle) Sanierung rettete das Gebäude und ließ ein neues Hotel entstehen, das jeden Wunsch nach Exklusivität erfüllt. Von den 52 Zimmern und 22 Suiten eröffnen sich spektakuläre Panoramen der Stadt und der grünen Hügel. Das Design folgt den Prinzipien von Jugendstil und Art déco. Und natürlich verwöhnt in jedem Zimmer zeitgemäßer Ausstattungskomfort, wie er heute für ein Fünfsternehotel selbstverständlich ist. Zu den Suiten gehören sogar eigene Gärten mit einem Jacuzzi auf der Terrasse.

Im Hotelrestaurant L'Orangerie kreiert Chefkoch Daniel Bausá fantastische Gerichte aus der Verquickung katalanischer und klassisch spanischer Noten, z. B. bei sautierten Jakobsmuscheln an Gurkenschaum und Gazpacho-Sauce oder einem Carpaccio vom Hummer mit Tomaten-Brot-Sorbet in einer Vinaigrette von Arbequina-Oliven. Die Bar Miramar hingegen ist der perfekte Ort, um bei einem Drink den freien Blick über die Metropole zu genießen. Zweifellos wird sich das Hotel nach seiner Neueröffnung zu einer der begehrtesten Nobelherbergen und einem gesellschaftlichen Brennpunkt entwickeln, zumal die ohnehin beeindruckende Liste der Serviceeinrichtungen noch um ein Beautycenter mit Frisiersalon, ein Spa, das Eis- und Hydrotherapie anbietet, und einen Nachtclub erweitert wurde. Ernest Hemingway, Rock Hudson und Jimmy Stewart zählen zu jenen, die schon früher das Gran Hotel de la Florida schätzten, seinen Stil und seinen Luxus.

KOMFORTABEL LÄSSIG

54 Casa Camper

37 Carrer d'Elisabets, 11

DZ ab € 190

Barcelona verzeichnet eine sprunghafte Zunahme der kleinen, gemütlich-schicken Hotels, worin sich der Boom der Wirtschaft und der Trend zu einem luxuriöseren Lebensstil spiegeln. Casa Camper ist eines von ihnen. Hinter dem Management steht die gleichnamige Firma für Freizeitschuhe, eine Tatsache, die nicht zuletzt ihr Echo im Design fand. Hier dominieren Funktionalität und Bequemlichkeit über Luxus. Das Hotel, sehr günstig im multikulturellen Viertel Raval (nur wenige Meter vom MACBA entfernt) gelegen, entstand in einem Gebäude aus dem 19. Jh. Fernando Amat (federführend im Designkaufhaus Vinçon, S. 85) und Jordi Tió designten ein sympathisches Ensemble von 25 Zimmern und einer Suite. Eigentlich besteht jedes »Zimmer« aus zweien, einem Schlafraum und einer Lounge, getrennt durch einen Gang. Die Schlafbereiche liegen von der Straßenseite abgewandt, um schon allein durch nächtliche Ruhe ein Höchstmaß an Komfort zu garantieren.

Das Hotel bietet auch ein rund um die Uhr verfügbares Büfett gleich bei der Lobby. Dieser Service soll den Gästen nicht nur das Gefühl vermitteln, hier zu Hause zu sein (mit einem immer zugänglichen Kühlschrank), sondern dazu anregen, mit anderen Gästen geruhsam im Speisesaal zusammenzusitzen. Für ein gehaltvolleres Mahl braucht man nur eine Türe weiter in das unkonventionelle FoodBall (ein weiteres Unternehmen der Camper-Gruppe) gehen. Zum Ausspannen und für besinnliche Minuten kann man sich auf eine Terrasse zurückziehen und den Blick schweifen lassen über die typische Dächerlandschaft der Innenstadt. Oder die Augen beruhigen beim Blick auf den *Jardín Vertical*. Eine triste Mauer wandelte sich hier zur botanischen Oase – durch 117 Exemplare der Schusterpalme (Aspidistra), fein säuberlich aufgereiht in einer vielstöckigen Stellage. Das Hotel verströmt eine Atmosphäre von Schlichtheit und Geschmack und ermöglicht seinen Gästen einen (rauchfreien) gelassen-gesunden Aufenthalt. Nur wer gebucht hat, hat auch Zugang zur Casa Camper, ein Grundsatz, der streng gehandhabt wird – selbst eine Einladung zum Kräutertee erlaubt keine Ausnahme.

Essen

Längst vorbei sind die Zeiten, als Barcelona nur kulinarische Assoziationen von preisgünstigem Fisch und Meeresfrüchten, »pa amb tomàquet« (Weißbrotscheiben, eingerieben mit Tomaten, beträufelt mit Olivenöl und leicht gesalzen) und Tapas-Bars weckte. Dabei sind die leckeren katalanischen Standards nicht im Geringsten zu internationaler Kettenkost verkommen. Allerdings ist das kulinarische Erlebnis in Barcelona heute so prickelnd vielfältig wie in jeder anderen kosmopolitischen Stadt. Gewiss, es gibt sie noch, die schnellen und unkomplizierten »platillos« (kleine Vorspeisenteller) und Tapas. Aber daneben duften auf den Tellern Tapas-Kreationen, deren Köche ihre Zubereitung zur Kunst erhoben haben. Gegenwärtig schwappt die Fusion-Welle über Barcelonas Küchenherde, ob edel oder trendy, und verleiht klassisch katalanischen Ingredienzen den Touch der internationalen Cuisine. Erwarten Sie kein genussvolles Mittagessen vor 14 Uhr oder das Abendessen vor 20 Uhr (eher 21 Uhr) – aber seien Sie gespannt auf reizvolle Überraschungen für Ihren Gaumen.

VERLASS AUF DEN CHEF

38 Passadís del Pep

33 Pla del Palau, 2

In einer unauffälligen, gesichtslosen Passage am Pla del Palau entdeckt man eine der Lokalitäten, die mit ihren sehr individualistischen Gepflogenheiten Touristen schnell verunsichern. Es beginnt schon damit, dass sie keine Speisekarte ausgeben, sondern sofort herrliche kleine Versuchungen zusammen mit einem Glas Cava auf den Tisch stellen, sobald man nur Platz genommen hat ... Beim Betreten des Lokals sieht man aus der Ferne am Ende eines Ganges zunächst farbenkräftige figürliche Wandmalereien, die das gehobene Ambiente dieses beliebten und niveauvollen Restaurants signalisieren. Besitzer ist Pep Manubens – und sein Lokal Cal Pep an der Plaça de les Olles eine preisgünstigere Tapas-Variante dieses kleinen Speisentempels. Zum Dinner reicht man perlenden Cava zusammen mit einem *pica-pica* genannten kleinen Vorspeisenteller mit Schinken, Miesmuscheln und Austern. Darauf folgen Fisch oder Meeresfrüchte entsprechend dem Fang des Tages. Ein kostspieliges Vergnügen, aber eine unvergleichliche kulinarische Erfahrung.

GEPFLEGT ALTMODISCH

54 Casa Leopoldo

36 Carrer Sant Rafael, 24

Seit seiner Eröffnung im Jahr 1929 hat dieses sympathische Restaurant in Familienbesitz Künstler und Intellektuelle angezogen. Die Casa Leopoldo sprüht vor Charme der altspanischen Couleur – mit ihren Azulejos (den dekorativen Wandfliesen), dem Mobiliar aus Holz und den Stierkampffotos an den Wänden. Dies ist nicht einer der hippen Newcomer im Raval, sondern ein legendärer Lieblingsplatz vieler Barcelonesen. Die Karte präsentiert Bodenständiges: katalanische Hausmannskost mit viel Fisch und Muscheln, gekochte Kutteln und Rindfleisch und selbst gebackene Küchlein. Und die hier ganz spezielle Variante der Rühreier, nämlich mit Krabben und Knoblauch, zählt zu den Top Ten der meisten Gäste. Die heimelige Atmosphäre verrät unmissverständlich auch die Vorliebe der Küche für Traditionelles – die Rechnung wird es ebenfalls bestätigen.

88 La Venta

26 Plaça del Doctor Andreu

La Venta liegt hübsch auf einem Hügel nahe der Endstation der letzten Straßenbahnlinie in Barcelona. Es ist weder ein Anachronismus noch die Touristenfalle, die man erwarten könnte. Freundliches Grün rund um das wintergartenartige Gebäude und die Gartenterrasse bilden einen schönen Rahmen für die erstklassige spanische Küche: Sie hat La Venta die Gunst einer erlesenen Klientel gewonnen. Gruppen von Freunden oder ganze Großfamilien stürmen an Wochenenden das Restaurant, und auch werktags reißt der Strom der Stammgäste nicht ab. Die Speisekarte wechselt ständig, verlockt mit *butifarra* (katalanische Wurst), frittiertem Tintenfisch, Seeteufel vom Grill oder Seehecht *(merluza)* sowie ungewöhnlicher *lasaña de salmón ahumado* (Lasagne mit Räucherlachs), ferner feinstem Wild und Rindfleisch. Nehmen Sie die Tramvia Blau ab Plaça J. F. Kennedy. Vielleicht haben Sie dann Lust, an der Endstation in den Funicular zu steigen und die Stadt aus der Höhe des Tibidabo zu überblicken, ehe Sie zu einem unvergesslichen Mittag- oder Abendessen zurückkehren.

MODERNE KLASSIK

38 **Àbac**

31 Carrer del Rec, 79–89

Xavier Pellicer, eines der hoch gehandelten Talente der katalanischen Cuisine, wurde 2000 mit einem Michelin-Stern ausgezeichnet. Seither ist er nicht müde geworden, originelle Speisen zu kreieren, bei denen er sich von der heimischen Küche inspirieren, aber nie einschränken lässt. Das Dekor des Restaurants wurde bewusst schlicht gewählt, um den Genuss der Speisen in den Vordergrund zu stellen. Jedes Detail, dezent und modern zugleich, korrespondiert mit der makellosen Präsentation der Gerichte. Pellicer beauftragte sogar einen Bildhauer, um einen »Turm« für die Petits Fours zu gestalten. In Bambus gedünstete Gänseleber und Krebstatar belegen seine Passion für die Fusion-Cuisine ebenso wie der Thunfisch mit Calamares, Brokkoli und Mango oder die Fenchel-Krabben-Ravioli. Außerdem bietet Àbac ein *Menú degustació,* das Ahs und Ohs der Verzückung hervorruft. Die Gäste des Park Hotel (S. 116) kommen hier morgens in den Genuss eines Frühstücksbüfetts, mittags und abends aber zählen die Tische zu den begehrtesten in ganz Barcelona.

74 Principal (El Principal del Tragaluz)

23 Carrer de Provença, 286–288

Das Principal ist die Feder am Hut von Grupo Tragaluz (S. 82), die jüngst mit dem Hotel Omm (S. 106) auch ins Hotelbusiness eingestiegen ist. Alle Attribute, die ein First-Class-Etablissement auszeichnen, vereint dieses Restaurant mit dem besonderen Barcelona-typischen Stilempfinden und Design. Das Interieur des Eixample-Gebäudes folgt einer kompromisslos klaren und eleganten Linie. Bewegliche Paneele ermöglichen es, Bereiche für Gruppen von acht bis 220 Personen abzutrennen. Auch wenn das Principal zur Kette der Tragaluz-Restaurants gehört, so ist seine Karte dennoch individuell-fantasievoll – und der Inbegriff höchster Gourmetqualität: Hummerbrühe mit Knoblauch und Basilikum; gedünsteter Seehecht mit püriertem Reis, getrockneten Tomaten, Zwiebeln und Paprika; Seeteufel mit frittiertem Artischockenblatt und Romesco-Sauce (aus Tomaten, Olivenöl, Chili und gemahlenen Mandeln). Die Liebe zur japanischen Küche (evident auch im Restaurant Japonés der Gruppe) verraten Tempura-Gemüse und die Meeresfrüchteauswahl.

TAPAS UND TEE

74 **Fernández**

13 Passeig del Gràcia, 116

Eines wird schnell klar: Besitzer Javier de las Muelas Fernández hat alles gegeben, um dem eleganten Fernández, seinem neusten und damit dritten Projekt, denselben Erfolg zu sichern wie seinen ersten beiden – Speakeasy und Dry Martini. Kunst und Gestaltung spielen eine ebenso große Rolle wie die Qualität der Speisen. Schon die umwerfende Gestaltung der Fenster und des Eingangs deutet dies an. Und an den dunkel gehaltenen Wänden dieses luxuriösen und dennoch legeren Restaurants auf zwei Etagen hängen Werke von Künstlern wie Miró oder Tàpies. Auf der Karte finden sich spanische Klassiker mit viel Meeresfrüchten und Fisch, ferner Paellas und Ente, nicht zu vergessen Kabeljau mit Kartoffeln, gefüllt mit Trüffeln oder serviert in einer Lauchcremesuppe, nicht zuletzt Hummer oder Tintenfisch. Der vertraute Geschmack von Gerichten wird neu belebt mit vorzüglichen Saucen und Gewürzen, um den Gaumen der hungrigen Feinschmecker zu verblüffen. Fernández serviert zudem eine breite Auswahl exotischer Tees von Sans & Sans Colonial und Mariage Frère.

UNTERRICHT FÜR GOURMETS

38 Hofmann

8 Carrer de l'Argenteria, 74–78

Eine zeitgenössisch-moderne Fassade nahe der Kirche Santa Maria del Mar ist optisches Signal für Mey Hofmanns Restaurant und Kochakademie. Hin und wieder sieht man auch die Studenten in ihrer weißen Arbeitskleidung auf der Straße stehen. Im Obergeschoss des Hauses tischt die Chefin in heimelig-familiärem Ambiente ihre ureigene Version feiner katalanischer Cuisine auf. Weitere Tische finden sich in einem blumengeschmückten Patio. Mey Hofmann gesteht, dass sie gerne ihrer Fantasie freien Lauf lässt, um ihre Gäste »zu verführen, zu provozieren und sie neugierig zu machen auf Gerichte, die in ihren Gaumen einen wahren Rausch der Empfindungen entfachen«. Dies erreicht sie mit augenscheinlich harmlosen Kreationen: sautierter Hummer an Kichererbsen und Frühlingszwiebeln, Seebrasse, mit Speck und Rotwein zubereitet, oder Lamm mit Senfaroma auf Auberginen, Tomaten und Zucchini. Die Karte wechselt regelmäßig, beschränkt sich aber auf eine exquisite Auswahl. Auch die Desserts lassen die Schule höchster Perfektion erkennen.

JEDE MENGE STAMMGÄSTE

74 Ovic

26 Carrer d'Aribau, 106

Unter der Leitung von Pablo Castellano besitzt dieser Ort genau die richtigen Voraussetzungen, um ein überaus erfolgreiches Restaurant zu werden. Die wohltuend freundliche Atmosphäre sowie die so reichhaltigen wie herzhaften Gerichte auf der Grundlage von frischem Fisch, gegrilltem oder rohem Fleisch sind Garantie dafür, dass das Ovic regelmäßig bei jedermann an oberster Stelle auf der Liste der Lieblingsrestaurants in der Nachbarschaft steht. Wunderbarer Genuss ist das opulente *Menú degustació,* zu dem sich immer ein edler Tropfen aus der umfangreichen Weinkarte findet. Bei den Desserts wird man sich nur schweren Herzens zwischen *panacotta con sopita de frutos rojos* (Panacotta mit einem Mus von roten Früchten) und einem ungewöhnlichen Früchtespieß mit Schokoladenschaum entscheiden können.

RUSTIKALES FLAIR

88 **Can Travi Nou**

30 Carrer Jorge Manrique

Scheuen Sie nicht die Investition in ein Taxi hierher. Essen und Atmosphäre der edlen katalanischen Qualität lohnen jeden Cent. Das Gebäude stammt noch aus dem 18. Jh., als es an der Landstraße nach Sant Cebrià lag. In den 1920ern dann wurde es zu einem bürgerlichen Landsitz ausgebaut. Mächtige Holzbalken und ein wuchtiger Steinofen beherrschen den Innenraum, während die von Wein überrankten Mauern und die blütenüppige Terrasse auch ins Freie locken. Drinnen wie draußen – und in der Küche – spürt man das ländliche Flair. Den Besitzern Josep Soler i Cuixart und Tere Ribatallada i Simó schwebte eine rustikale Oase inmitten der Großstadt vor, als sie in den 1980ern das Restaurant eröffneten. Stolz präsentieren sie Gerichte wie *sípia amb mandoguilles* (Tintenfisch mit Fleischklößchen) und *bolets al forn amb all i pernil* (gebratene Wildpilze mit Knoblauch und Schinken), *xai al forn amb patates, ceba i tomàquets* (Lamm mit Kartoffeln, Zwiebel und Tomaten) und selbst gemachte Nachspeisen als Krönung jedes Menüs.

ZU HAUSE AUF DEM BAUERNHOF

38 **El Rancho Grande**

45 Avinguda Diagonal, 73

Der Kitzel liegt schon darin, dieses gemütliche Gasthaus mit dem Look einer umfunktionierten Garage zu finden (am besten ein Taxi nehmen). Aber wahrscheinlich ist gerade diese Versteckheit der Reiz. Im Rancho Grande serviert man eine ehrliche mallorquinische Küche ohne Schnickschnack. Es gibt keine Karte, dafür Teller mit kaltem Fleisch an jedem Tisch und das Zischen von frischem Fisch und Fleisch an einem riesigen Grill *(brasa)*. Falls Sie Sprachprobleme haben, empfiehlt sich der Gang mit dem Kellner zum Fischbecken!

DIE PERFEKTION DER KÜCHENKUNST

38 **Comerç 24**

27 Carrer del Comerç, 24

Gehört Comerç 24 auch zu den jungen Designmanifestationen im Born, so nimmt man dort die Küchenkunst durchaus ernst. Carlos Abellán kreiert wahre »Festmenüs«, die sich mit den innovativsten Ergebnissen der katalanischen Cuisine messen können. F. Adrià (El Bulli, S. 180) verlieh den Häppchenmenüs die höheren Weihen, und Abellán leistet seinen Beitrag zum Trend mit Spargel in aufgeschlagenem Grapefruitpüree und Tintenfisch mit einer Wurstfarce. Desserts verschmelzen süß und sauer in einem Revival katalanischer Klassiker.

HOFFNUNGSVOLLER NEWCOMER

54 ÉS

23 Carrer del Doctor Dou, 14

Diese Adresse macht das Rennen. Sowohl Vegetarier als auch Freunde von Fleischgerichten werden das ÉS als Oase des Genusses schätzen lernen, als einen Ort, um sich zu entspannen und aus einer Palette von Speisen auszuwählen, die mit Tag für Tag »taufrischen« Zutaten aus dem Boqueria-Markt zubereitet sind. Zwei Auszeichnungen haben dem Lokal unter dem Management von Isidoro Andaluz (Gründer des Clubs Otto Zutz) und mit Maria Codina in der Küche bereits einen festen Platz in Barcelonas Gastroszene erworben. Das Interieur mit den makellos weißen Wänden und den lustigen Lampenkreationen, die ein gleich um die Ecke ansässiger Künstler entwarf, sind eine freundliche Ergänzung zur Marktküche, die sich der Rückkehr zum Ursprünglichen verschrieben hat. Gemäß der Philosophie des ÉS soll jeder Gast auch Spaß haben, wenn er oder sie Makrele mit *calçots* (Lauchzwiebeln vom Grill, eine Spezialität aus Teruel) oder gegrillten Heilbutt isst. Nach dem vielversprechenden Beginn wird das Restaurant sicher einen Höhenflug erleben – für lange Zeit.

SPEISEN ALS KUNST

26 Freud B'Art

16 Baixada de Sant Miquel, 4

Nur ein paar Minuten entfernt von der lebendigen Plaça de Sant Jaume vermittelt dieser Ort das Konzept einer Kunstgalerie, die ihre Fühler ausgestreckt hat, um sich auf dem Feld der Gastronomie zu orientieren. So ist Kunst tatsächlich der Hauptgrund für die Existenz von Freud B'Art, und ihr gehört die ganze Leidenschaft ihrer Betreiber. Doch die Kunst des Speisens kommt in diesem neuen Restaurant, entworfen von Oliver Bals, einem deutschen Architekten, der in Barcelona lebt, nicht zu kurz. In der Küche komponiert ein begeistertes Team unter Führung des Kochs Chus. Für den Autodidakten sind Speisen eine Form der Kunst, die einem die Möglichkeit bietet, seine Persönlichkeit zum Ausdruck zu bringen. Die sehr mediterrane Karte wechselt mit den Jahreszeiten, entsprechend dem Angebot im nahen Boqueria-Markt (S. 61). Sie könnte – etwas poetisch gesprochen – aus dem Atelier eines Architekten kommen, denn sie stellt dem Gast neue »Materialien« und Trends vor – zu dennoch annehmbaren Preisen.

KAPITULATION VOR DER SÜSSE

38

Espai Sucre

28 Carrer de la Princesa, 53

Das hell erleuchtete orangefarbene Schild mit der schwarzen Ameise wurde zum Markenzeichen für eines der ungewöhnlichsten Restaurants in Barcelona. Der Patissier Jordi Butrón eröffnete dieses Mekka der *postres:* tagsüber eine Akademie für Patissiers, abends ein Schlaraffenland für Schleckermäuler. Für das Interieur verfolgte Designer Alfons Tost (Comerç 24, S. 133) eine attraktiv-moderne und zugleich anspruchsvolle Linie. Zwar kommen aus der Küche einige herzhafte Gerichte – aber nur als Auftakt zu den süßen, mehrgängigen Menüs. So sind Salate wie Couscous mit Ingwer und Kürbis oder Linsensuppe mit Gänseleber lediglich Präludien zu *El Gran Menú de Postres* oder *El Pequeño* (mit nur drei anstatt fünf Gängen). Beginnen Sie mit einer Suppe, etwa Litschis mit Apfel, Bleichsellerie und Mandeln oder einem Erdbeerbiskuit-Stückchen *(bizcocho),* das keineswegs so simpel oder normal ist, wie es klingen mag.

OHNE VERRENKUNGEN

26

Limbo

26 Carrer de la Mercè, 13

Keine Frage: Falls Sie Ihre Begleiterin oder Ihren Begleiter einmal beeindrucken oder sich selbst, ihren gestressten Kopf und ihren Magen, verwöhnen wollen, dann wird Ihnen dieses Lokal am meerwärtigen Ende des Barri Gòtic einen unvergesslichen Abend bieten. Das Ambiente ist einladend und gemütlich, die Auswahl der Speisekarte beständig wechselnd. Frische Zutaten, einfallsreiche und dabei köstliche Rezepte sowie ein guter Weinkeller verfehlen nie ihre Wirkung. Trotz der legeren Atmosphäre empfiehlt es sich, vorab zu reservieren, denn bei Einheimischen wie Touristen sind die Tische im Limbo heiß begehrt. Und ein schöner Abend dort lässt sich perfekt mit einem Spaziergang in der frischen Meeresluft am Passeig de Colom abrunden.

BEI MOO BEWEGT SICH WAS

74 **Moo + Moo Vida**

19 Hotel Omm, Carrer del Rosselló, 265

Hier herrscht immer Leben, denn in Verbindung mit dem ehrgeizigen Designprojekt des Omm (S. 106) hat das Restaurant nicht nur Zulauf von den Gästen des Hotels. Auch unter Barcelonas Feinschmeckern gilt es als neuer kulinarischer Fixpunkt. Morgens fungiert Moo als Frühstücksrestaurant des Hotels, mittags serviert das weniger formelle Moo Vida sowohl *raciones* (halbe Portionen), mit denen sich die Gäste ein Menü nach eigenem Wunsch zusammenstellen können, als auch ein *Menú degustació*. Abends profitieren die Moo-Gäste von den kulinarischen Ambitionen der Roca-Brüder, die vorher in der Küche von »El Celler de Can Roca« in Girona standen, ausgezeichnet mit Michelin-Sternen und eines der fünf besten Restaurants in ganz Spanien. Deli-Tapas serviert die Cocktailbar des Moo – nicht nur hier unterstreichen Weine aus einem mit den erlesensten Cuvées gefüllten Keller die Qualität der Gerichte. Was noch auffällt: runde Tische, die die harmonische Kommunikation auf geschickte Weise fördern und ein Gefühl der Intimität und Privatheit am *round table* wecken.

TIERISCH GUT

38 **Bestial**

39 Carrer Ramón Trías Fargas, 2–4

Spektakulär liegt es unterhalb von F. Gehrys metallener Fischskulptur und dem Hotel Arts. Dennoch könnte Bestial nur eine weitere Hochburg im sich ständig ausdehnenden Gastroimperium von Grupo Tragaluz sein, wären da nicht die feine Speisekarte, der geschliffene Service, das minimalistische Interieur und atemberaubende Ausblicke. Das Faible der Küche für alles Italienische findet sein Echo in hausgemachter Pasta und dem schwarzen Tintenfisch-Krabben-Risotto. Probieren Sie die fantasievollen Salate oder ein Gericht aus dem Holzkohleofen. Aber lassen Sie etwas Platz für die Nachspeisen und Ferran Adriàs *èspesso,* die eigens für Lavazza erfundene Espressocreme zum Löffeln! Auf jeden Fall lohnt es sich, für einen Tisch auf der spektakulären Terrasse zu warten, wo DJs den Backgroundsound für das Dinner eines durchgestylten Publikums inszenieren. Es ist großartig, hier am Meer abzuschalten und voller Genuss zu tafeln. Nur wenige Meter entfernt haben Nachtclubs eröffnet, darunter auch CDLC – um die Unterhaltung nach dem Dinner ist man hier nicht verlegen.

88 **Ot**

3 Carrer Torres, 25

Fische, Seepferdchen und weit mehr exotische Vertreter der Meereswelt tummeln sich in knalligen Farben an den Wänden und auf dem Geschirr dieses kleinen, lebhaften Speisesalons, wo nur die gastronomischen Sensationen dem Dekor Paroli bieten können. Ot löste einen wahren Run aus, als es 1996 seine Türen öffnete. Und noch heute ist es regelmäßig ausgebucht. Nicht etwa weil das Restaurant nur acht Tische und Platz für 24 Personen hat, sondern weil Küchenchef Ferran Caparros Stil einer mediterranen Fusion-Cuisine das Ot zu einem der beliebtesten Restaurants weit über Gràcia hinaus gemacht hat. Auf der ständig wechselnden Karte finden Sie etwa *sopa de tomate con gambas* (Tomatensuppe mit Garnelen), *llenguado con compota de albaricoque y espárragos con hollandesa de vainilla* (Seezunge mit Aprikosenkompott und Spargel mit Sauce hollandaise, verfeinert mit Vanillearoma), ferner frische Früchte, übergossen mit heißer Schokoladensuppe und verfeinert mit Zimt und Erdmandelkörnchen. Wir empfehlen, Anfang der Woche fürs Wochenende zu reservieren.

HÖHENFLÜGE DER CUISINE

38 Torre d'Alta Mar

38 Passeig Joan de Borbó, 88

Sie wollen ein unvergessliches Panorama genießen? Dann steigen Sie in den Lift des alten Torre de Sant Sebastià in Barceloneta und entdecken in 75 m Höhe einen glamourösen Platz für ein Dinner: das Torre d'Alta Mar. Òscar Manresas Karte der mediterranen Genüsse gehört zu den Favoriten eines hochkarätigen Publikums. Kleine Gerichte wie Kammmuscheln, sautierter Tintenfisch mit Pilzen oder etwa Seegurke und Meeresschnecken munden als Entrees, bei den Hauptgerichten dominiert frischer Fisch: gebraten oder gegrillt.

IM VERBORGENEN KÖSTLICH

54 Romesco

13 Carrer de Sant Pau, 28

Nur Mut, wenn Sie sich in das Stammlokal vieler Einheimischer aus dem Raval wagen – und lassen Sie sich Ihren Appetit nicht durch die Ästhetik oder vielmehr den Mangel an Ästhetik schmälern. Vertrauen Sie Ihrer Nase und wählen Sie aus der Vielfalt der Gerichte von der Wandtafel. Kräftig und gut gewürzt lautet die Maßgabe im Romesco, einem Geheimtipp nur wenige Minuten von den Rambles entfernt. Ungewöhnlich und bodenständig in seinem Charakter, ist das Lokal auf jeden Fall einen Versuch wert.

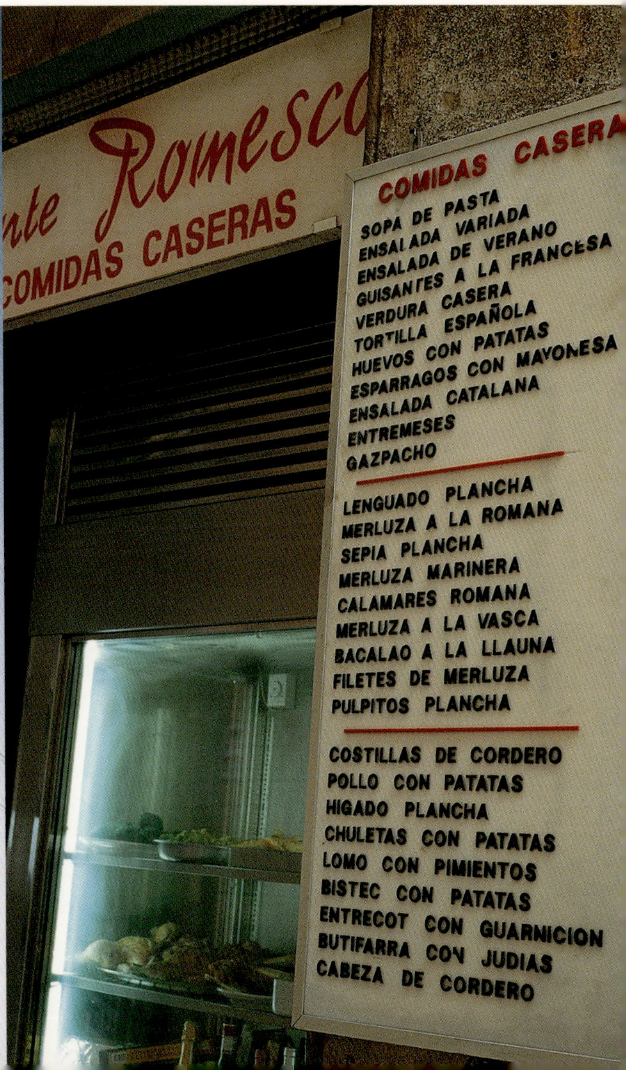

DIE SINNE VERWÖHNEN

74 Cinc Sentits

24 Carrer d'Aribau, 58

Im Handumdrehen hat sich dieses neue Restaurant in der Eixample einen festen Platz in Barcelonas Gastroszene erworben. Das Geheimnis des Erfolgs von Cinc Sentits (was im Katalanischen »fünf Sinne« bedeutet) liegt in der unglaublichen Aufmerksamkeit, die man Details (und dem Gast) schenkt – diskret erkundigen sich die Kellner etwa nach Allergien –, und der außergewöhnlichen Bandbreite der kulinarischen Köstlichkeiten. Beim Überraschungsmenü werden Sie aus dem Staunen nicht herauskommen ... Fehlt die Lust auf Experimente, wird man ein »leichtes Menü« zu 22 Euro pro Person schätzen oder gerne aus *La Carta* auswählen. Abends überrascht Cinc Sentits durch seine weiche, warme Stimmung und erweist sich als einladender Ort, um Vorzügliches zu genießen.

KATALANISCHES IN NEUER INTERPRETATION

74 Hisop

25 Passatge Marimón, 9

Die drei Chefs dieses bekannten Restaurants gehören zu jener Generation von Köchen, die schon beeindruckende Erfahrungen in Restaurants gesammelt haben, denen Michelin hochbegehrte Sterne verlieh. Und dennoch ist die kreative Küche des Hisop in der katalanischen Tradition tief verwurzelt. Die drei ersten Gebote sind: eine absolute Spitzenqualität der Zutaten (sämtlich aus der Region), die Harmonie der Aromen, um den besonderen Kniff in der Zubereitung eines Gerichts deutlich werden zu lassen, und der Genuss der Gäste. Jedes Gericht wird elegant angerichtet, seien es die Spiegeleier mit jungen Tintenfischen, Seeteufel mit Linsen, Kartoffeln und Seeigel oder Jakobsmuscheln mit Mandeln und Schweinefleisch. Immer schmeckt man vor allem die Frische der Produkte – und das hat seinen bisweilen hohen Preis.

DIE SPITZE DER EXTRAVAGANZ

88 El Racó d'en Freixa

18 Carrer de Sant Elíes, 22

Er ist auf dem Weg zur Spitze: der talentierte junge Chef Ramón Freixa. Mit ausgesprochenem Gespür für Stil und Eleganz zaubert er am Herd die Klassiker ebenso wie seine eigenen fantasievollen Kreationen. 1986 eröffnete das Restaurant, 1997 übernahm er die Küche. Bereits 2001 kürte ihn Spaniens *Guía Gourmetour* zum besten Küchenchef des Landes – nur eine Auszeichnung neben anderen und Spitzenrängen in Wettbewerben wie im Manoir aux Quatres Saisons, in Oxford, noch ehe Freixa 30 war. Es erwartet Sie eine Karte der klassisch katalanischen Art – oder voller Überraschungen: zur Vorspeise Kakaogebäck, gefüllt mit Pilzen, verschiedenen Gemüsen und Esskastanien, dazu Schinkeneiscreme; dann verschiedener Fisch in einer aromatischen Thai-Brühe im Rohr gegart. Und als fulminantes Finish: Kokos-Cannelloni mit Karameljoghurt, Anispudding und Kokos-, Mais- und Curry-Eiscreme. Die Raumdekoration ist keineswegs so gewagt. Aber wer studiert schon die Wände, wenn sich auf den Tellern so facettenreiche Kunst entfaltet?

KÜCHE DER KÖNIGE

54 Ca l'Isidre

2 Carrer de les Flors, 12

Die schlichte Fassade aus hellem Holz und mattiertem Glas verrät nicht, dass das Lokal seit 32 Jahren existiert. Auch der Namenszug ist kaum mehr lesbar. Und sobald man die Türe öffnet, meint man den Flur eines Privathauses mit Fotos und Ehrenurkunden der Gironés-Familie zu betreten. Am Ende des Ganges wird die verglaste Küche erkennbar, man biegt um eine Ecke und steht in einem gepflegten Speiseraum, gestylt das Servicepersonal wie die Gäste – und vermutlich ahnt man erst in diesem Augenblick das niveauvolle kulinarische Erlebnis, das einem bevorsteht. Dieses familiengeführte Restaurant gehört zur absoluten Spitzenklasse: in der Qualität der Küche wie auch im Rang seiner Gäste, darunter Spaniens König Juan Carlos. Ungeachtet von Society und Design liegt der Grund für den Erfolg des Ca l'Isidre letztlich einzig in der gleichbleibend exzellenten Qualität einer frischen Marktküche lokaler Produkte, wie Lamm nach den einfachsten katalanischen oder spanischen Rezepten, aber mit höchster Sorgfalt zubereitet. Spezialität ist eingelegter Ziegenbraten *(cabrit)*.

AMER
VODKA
PERI

Trinken

In einem Land, wo Schokolade ihre eigene Zunft, Vereinigungen und ein Museum hat, trifft man sich am späten Vormittag oder nachmittags gerne zu einer Tasse Schokolade – sämig dickflüssig ist sie hier, mit einer mächtigen Haube steif geschlagener Sahne (»suizo«), wie sie traditionell die kleinen, altertümlichen »granjas« (Milchbars) servieren. Tee wird langsam populärer, hat seine Oasen in »teterias«. Eine Vielfalt von Kräuter- und anderen Tees behauptet sich dort neben modischen Cocktails auf den Karten. Die Mixklassiker aber – und unendlich viele neue Erfindungen – steigen derzeit so hoch im Kurs wie die Welle der Retro-Future-Hightech-Bars und Clubs. Ihre Szene brodelt rund um den Passeig del Born. Echte Klassiker sind daneben die Wein- und Cava-Bars (»xampanyeries«), einige unter ihnen elegant und cool, andere funky, manche in gotischen Gewölben, alle mit toller Atmosphäre.

SÜSSE GELÜSTE

14 **Granja Dulcinea**

15 Carrer de Petritxol, 2

In einer pittoresken Gasse nahe der Plaça del Pi verbirgt sich eine der beliebtesten »Milchbars«. Absolut altertümlich ist das Mobiliar, ein Generationenmix das Spektrum der Gäste. Wer das erste Mal kommt, staunt über ein riesiges Alpenbild; hinter der Bar präsentiert sich die Flaschenparade von Cacaolat, einem Schokodrink, der in den 1930ern in Spanien eingeführt wurde. Bekämpfen Sie hier das nachmittägliche Blutzuckertief in wahrhaft Barceloneser Manier: mit dicker heißer Schokolade und etwas süßem Gebackenem zur Vollendung.

KUCHEN UND KUNST

54 **Escribà**

15 Rambla de les Flors, 83

Blickfang ist die schimmernde Modernisme-Fassade mit dem violettgrünen Mosaik, den Jugendstil-Buntglasfenstern und einer bezaubernden Skulptur. »Wir fertigen nicht nur Kuchen, wir kreieren Illusionen«, lautet das Motto der Kuchenbäckerdynastie, die Barcelona in ihren zuckersüßen Bann schlug, seit Mateu Serra i Capell seine Bäckerei an der Gran Via 1906 gründete. Heute steht Christian Escribà an der Spitze des Familienimperiums mit einer legendären Reputation als Konditormeister. Er eröffnete sogar einen eigenen »Showroom«, um dort seinen Kunden die für den jeweiligen Anlass perfekten Torten, Kuchen und anderes Gebäck präsentieren zu können. Das historische Gebäude an den Rambles, wo das Interieur durchaus den Stil der Fassade fortführt, hat ein kleines Café, in dem Normalsterbliche einen Tee oder Kaffee und dazu einen der erschwinglichen süßen Gaumenkitzler aus dem Hause Escribà verkosten können. Der Laden verkauft auch Schokolade und Cava der eigenen Marke. (Escribà-Kuchendesserts gibt es im Strandrestaurant Xiringuito Escribà, S. 51.)

DRINKS MIT AMBIENTE

54 **Hotel España**

7 Carrer de Sant Pau, 9–11

Die Spuren der Touristenmassen sind nicht zu leugnen, und dennoch lohnt sich eine Stippvisite zu einem Drink in dem Hotel, das Lluís Domènech i Montaner realisierte. 1902 entstand die in Rezeption und Speisesaal überwältigende Fülle des Dekors. Ornamentierte Architektur, lebhafte Fliesendekoration sowie ein fünf Meter hoher Kaminofen des Bildhauers Eusebi Arnau füllen zwei Räume, während im Speisesaal auf Fresken von Ramon Casas mythische Meeresgestalten mit Fischen und kecken Meerjungfrauen über die Wände tollen.

HAFENFLAIR MIT HISTORISCHER NOTE

38 La Miranda del Museu

36 Museu d'Història de Catalunya, Plaça de Pau Vila, 1

Das Museum der Geschichte Kataloniens bezog vor einigen Jahren am Port Vell ein ehemaliges Lagerhaus aus dem späten 19. Jh. Die umfangreiche Sanierung krönte – im wahrsten Sinn des Wortes – die Anlage eines Terrassenrestaurants auf der vierten Etage. Nach historischen Entdeckungen bietet sich hier eine wunderschöne Gelegenheit zur Entspannung bei einem Drink, kleinen Gerichten zu Mittag oder auch einem Abendessen à la carte in einer legeren Umgebung und mit einem bezaubernden Blick über Hafen und Stadt.

WEIN UND SNACKS

38 La Vinya del Senyor

4 Plaça de Santa Maria, 5

Sogar mit einem Blick auf die gotische Schönheit von Santa Maria del Mar erfreut die winzige, nette Weinbar ihre Gäste. Versteckt am Rande der Plaça, ist das von Ramón Parellada (aus dem Senyor Parellada) geleitete Lokal nicht augenfälliges Ziel der Touristen, aber nahe genug zu den Sightseeingpfaden, um dort schnell für einen besonderen Tropfen einzukehren. Rund 300 einheimische und importierte Weine, inklusive verschiedener Cavas und Sherrys, stehen zur Wahl: am Tresen, an den Tischen im Obergeschoss und auch auf der Plaça.

ÜBERALL PARTY

38

22

Bars am Passeig del Born

- Pitín Bar, Passeig del Born, 34
- Plastic Bar, Passeig del Born, 19
- Borneo, Carrer del Rec, 49
- Gimlet, Carrer del Rec, 24

Gegenüber der bunten modernen Fassade von Sandwich & Friends (s. S. 53) liegt an der Ecke der Gasse Antic de Sant Joan die Pitín Bar, die in diesem inzwischen hippen Karree seit Langem ihren Stammplatz hat. Sie ist ein typischer Nightspot mit ihrer verglasten Ecke und den glänzenden Thekenflächen, wo in der Stunde vor Mitternacht das Publikum im Nu die Plätze füllt. Die Bar gibt es schon seit 1957, sie hat einige Moden mitgemacht, beim Hausgetränk *pitín* aber ist es geblieben: ein Tee, der in der gleichen Art wie ein Cappuccino mit aufgeschäumter Milch zubereitet wird. Ein paar Meter weiter am Passeig del Born sieht man zunächst einen orangefarbenen Schimmer, der aus einem tunnelartigen Raum dringt, ehe man das Schild der Plastic Bar entdeckt. Gelb-grüne Retromuster wie auch die von der Decke baumelnden Silbersterne und Nippes, die an Sputnik-Lampen erinnern, kontrastieren mit der von unten orange beleuchteten Plastiktheke, die jeden Drink wie einen Weltraumcocktail aussehen lässt und in ihrer Schrägheit begeistert.

Sicher wird einen noch die eine oder andere Bar in dieser »paradiesischen« Straße der nächtlichen Hang-outs anlocken, aber auch der Carrer del Rec um die Ecke verspricht Interessantes. Nicht gerade einladend wirken die großen Neubauten, doch dieses Schicksal trifft alle aufstrebenden Viertel. Zugleich scheinen die kleinen Geschäfte und Lokale ungestört von der Moderne ihren Status zu behaupten. Zu den beiden lohnenden Lokalen hier gehört Borneo, vibrierend im Groove der Musikimporte und mit einem unglaublich freundlichen Service – manchmal fällt es schwer zu sagen, wer wer ist, da alle so relaxt sind. Gimlet ist der Typ einer echten Cocktailbar und tickt im Rhythmus der klassischen New Yorker Society-Bars der 1940er: Der Barkeeper hinter dem Tresen trägt Anzug, ebenso manche der ohnehin gut gekleideten Gäste, und über dem sanften Gemurmel der Gespräche liegt der Beat alter Jazz-Evergreens. Das viele Holz an den Wänden verbreitet das Gefühl von Geborgenheit, auch die Bar ist ein kirschholzfarbenes Etwas, gegen das man sich vertrauensvoll lehnen kann. Probieren Sie einen Gimlet, geschüttelt, nicht gerührt. Er schmeckt ziemlich cool …

SEELE BAUMELN LASSEN

26 **Café Royale**

6 Carrer Nou de Zurbano, 3

Es spielt keine Rolle, an welchem Wochentag Sie ins Café Royale gehen, in der legeren, einladenden Atmosphäre dieser Bar fühlt man sich immer wohl. In einem der beiden Räume bildet der lange Tresen (mit jeder Menge Barhocker) den Fokus des Geschehens – bequemer allerdings sitzt man auf der langen Polsterbank –, und im zweiten Raum lässt sich das Geschehen auf der großen Tanzfläche am besten von den Tischchen rundum verfolgen. DJ Fred Guzzo legt bevorzugt die Dauerbrenner der 1960er und 1970er auf, doch auch andere DJs aus Barcelonas Musikbusiness treten hier auf. In unmittelbarer Nähe der Plaça Reial gelegen, zieht die Bar mit ihrem Retrointerieur ein intellektuelles Publikum an, das gerne kommuniziert, aber auch ebenso gerne Musik hört oder tanzt. Café Royale schließt gegen drei Uhr – manche beschließen ihre Kneipentour in dieser Bar, andere beginnen sie hier erst.

BRENNPUNKT

26 **Dot Club**

21 Carrer Nou de Sant Francesc, 7

Barcelonas Nachtleben und seinen wirklichen Musikgeschmack lernt man nur im Dot Club kennen. Zu Funk und R&B tanzen hier Einheimische ebenso wie viele Touristen, dabei ist das Lokal auch ideal, um einfach nur zu reden. Die Betreiber, Producciones Animadas, haben sich in der Szene einen respektablen Ruf als Förderer heimischer Talente erworben. So herrscht im Dot Club immer Topstimmung – groovy!

MODERNE WEINE UND TAPAS

74 **Cata 1.81**

27 Carrer de València, 181

Man wirbt mit »vins, platillos & whisky«, aber das Interieur verrät, dass es sich nicht um eine ordinäre Tapas- und Weinbar handelt. Es ist in der Tat ein neues Paradies aller Önophilen – und der kulinarischen Überraschungen en miniature. Mehr als 250 Flaschen Wein umfasst die Karte, mit einem Schwerpunkt bei spanischen Anbaugebieten, sowie 25 offene Weine, die alle 15 Tage wechseln. Die Kostproben katalanischer Cuisine stammen von Teresa Olivella. Ihre Minihamburger wurden bereits ein Markenzeichen des Cata.

COCKTAILS IN GAUDÍSCHEN FANTASIEWELTEN

74 Casa Milà / La Pedrera bei Nacht

38 Passeig de Gràcia, 92

Wer Barcelona im Sommer besucht, wird feststellen, dass dann viele Lokale nicht nur länger geöffnet haben, sondern auch auf luftigen Terrassen servieren. Zu den außergewöhnlichsten Erfahrungen, draußen einen Drink zu nehmen, gehört sicher die erst vor einiger Zeit wieder eröffnete Dachterrasse von Gaudís Casa Milà (S. 85). Die verspielten Kappen der Lüftungsschächte, die wie eine sanfte Achterbahn sich auf und ab windendenen Dachpfade und die exzentrischen kleinen Bogengänge machen die Dachlandschaft zu einer surrealen Märchenkulisse, während man an den Wochenenden abends hier oben einen Cocktail schlürft. Sie können geruhsam Platz nehmen, die Architektur bewundern, den Blick hinüber zur Sagrada Familia schweifen lassen oder über die imposante Straßenachse des Passeig de Gràcia und den Carrer de Provença. Manchmal winken die Gäste auf der Poolterrasse des Hotels Condes de Barcelona, die ein ähnliches Panorama genießen. Denken Sie an die Stufen und welligen Wege, wenn Sie Ihre Cocktails ordern!

CLUBSTIL DER VIERZIGERJAHRE

26 Ginger

28 Carrer de Palma de Sant Just, 1

Stil und Ambiente haben den Touch von Retro, das Lokal aber ist ein Newcomer im Barri Gòtic. Die auf zwei Ebenen arrangierten Sitzgruppen aus Clubsesseln und anderen schicken Elementen ziehen eine jugendliche, finanziell gut ausstaffierte Klientel an. Weiteres Plus ist die Karte mit einer breiten Auswahl an Cocktails, Tacos, Tapas und *tostadas.* Hipper als die üblichen Tapas-Bars, kultiviert Ginger das clubähnliche Up-Market-Ambiente einer vergangenen Epoche – in einer unbedeutenden Gasse im mittelalterlichen Herzen Barcelonas.

ZUFALLSHARMONIE

54 Merry Ant

35 Carrer del Peu de la Creu, 23

Man könnte glauben, ein Riesenexemplar der namengebenden Ameisen hätte in mühevoller Arbeit die Sammlung bunter, nicht im Geringsten zusammenpassender und doch eigentümlich stimmiger Objekte angehäuft und dann Holzrahmen und Fensterläden zusammengetackert. So jedoch entstand ein lustiger Hintergrund vom Typ Boheme für die Gemälde und Lampenunikate, die zum Verkauf stehen. Das rote Licht ist Teil des ironisch-heiteren Zaubers, ebenso wie das eklektische Bohemien-Publikum und die günstigen Drinks.

GRÜN UND GROOVY

26 **Fonfone**

14 Carrer dels Escudellers, 24

Ein grüner Schimmer kann weit attraktiver sein, als man denken möchte. Fonfone ist eine der jungen Bars in der hippen Boheme-Szene im Umfeld des Carrer dels Escudellers. Auch hier öffnen sich die Türen nicht vor 22 Uhr, die Einheimischen tauchen erst weit nach 23 Uhr auf. Dennoch: In den »ersten« Stunden des Abends bleibt mehr Muße, die grün bezogenen Sessel zu genießen, den Schmuck der Wände in Grün und Gelb und die Lampen. Raffinierte Cocktails und DJ-Sound bringen auch Eisklötze zum Schmelzen …

AUFGEFRISCHTE INSTITUTION

26 **Bar Bodega Teo**

12 Carrer d'Ataulf, 18

Seit 1951 schon besteht die Bodega. Jüngst aber verscheuchte eine Renovierung angestaubtes Mobiliar und Dekor aus der Bar. Erhalten blieb das Ambiente einer traditionellen Institution, was sich in der Weinkarte mit besten Klassikern spiegelt. Sogar erlesene Jahrgänge werden direkt vom Fass kredenzt. In der Gestaltung setzen schicke Sitzmöbel einen reizvollen Kontrast zu derben Ziegelwänden mit der Anmutung von Abbrucharchitektur, während die Beleuchtung trotz ihrer Schlichtheit das Gefühl von Intimität zaubert. Die winzige Kneipe befindet sich in einer schwer zu findenden Straße. Die Suche allerdings belohnen Vielfalt und Qualität der Weine in der Bodega. Unterschiedliche Tapas stehen als solide Begleiter zu den feinen Tropfen bereit – oder auch frische Säfte für jene, die den Abend ohne Alkohol verbringen möchten. Wer ein Faible für Kunst hat, wird die monatlich wechselnden Ausstellungen von El Corredor del Arte mit Interesse sehen.

DIE KLASSISCHE BIERKNEIPE

38 **El Vaso de Oro**

37 Carrer de Balboa, 6

Es gibt in Barcelona nicht allzu viele Lokale, in denen das Bier den Ton angibt, und vermutlich steht das »Goldene Glas« an der Spitze dieser Liste. Wer eine gute Auswahl an Bieren schätzt – vor allem passt dieses Getränk ganz hervorragend zu Tapas –, kommt an El Vaso de Oro im früheren Fischerviertel Barceloneta nicht vorbei. Mit ihrem auf Hochglanz polierten Holzmobiliar im Stil einer Kapitänskajüte und den exzellenten Tapas, die kein Design brauchen, wurde die Bierbar ein Lieblingsplatz von Einheimischen und Touristen gleichermaßen.

Shopping

In einer Stadt, in der das traditionelle Handwerk bis heute seinen Platz mitten in der Stadt hat und der Begriff »artesanal« in Beschreibungen jeglicher Art, angefangen von Möbeln bis zu Gourmetprodukten, immer an prominenter Stelle auftaucht, ist die Versuchung einzukaufen der Normalzustand – und aufs Schönste gerechtfertigt. Wo sonst bekommen Sie genau den gleichen Pullover wie jenen, bei dessen Herstellung Sie in einer Werkstatt in La Ribera zugesehen haben? Wo in der Welt finden Sie diese herrliche Auswahl an Schinken von mit Eicheln gemästeten Iberischen Schweinen, an katalanischen Weinen und Käsesorten? Aber reservieren Sie sich ein Budget für die Designer, auch wenn die großen Namen noch nicht so international gehandelt werden wie die ihrer französischen oder italienischen Kollegen. Barcelona ist ein sprühender Kreativpool der Modewelt – und in allen anderen Sparten ein Markenname eigener Prägung.

METERWEISE BÜCHER UND JAZZ

54 La Central

20 Carrer d'Elisabets, 6

Nicht für jeden sind die Menschenmengen im FNAC an der Plaça de Catalunya locker zu ertragen. Eine Alternative bietet sich in Sachen Büchern: auf der Rambla ein Stück nach Süden und dann rechts ab in den Carrer d'Elisabets. Dort entdeckt man diesen geräumigen und ruhigen Buchladen, wahrscheinlich der beste in der Stadt, wo man unweit des MNAC im Herzen des Raval mehr als nur eine vergnügliche Stunde zubringen kann. Blättern Sie nach Herzenslust durch das breite Sortiment gesellschaftswissenschaftlicher Werke, der schöngeistigen Literatur, der Bücher zu Kunst, Design und Musik (vieles in Englisch). Was nicht vorrätig ist, wird man Ihnen kurzfristig auch bestellen. Zu neugierig, um das neue Buch noch in die Tasche zu stecken? An der Cafébar kann man sich gleich auf Literatour begeben, in die ausliegenden Zeitungen schauen und sich en passant mit einem Imbiss in einer entspannten intellektuellen Umgebung stärken. Zeitgenössischer Jazz und Klassik sind die Schwerpunkte in der Musikabteilung (ganz in der Nähe des Bartresens).

38
35
MUSIK UND LEIDENSCHAFT

Iguapop Gallery & Shop

Carrer del Comerç, 15

Sie wollen wissen, was in Barcelona angesagt ist? Dann sollten Sie diese Kunstwerkstatt in El Born besuchen. Unterstützt von dem spanischen Musiklabel Iguapop, eröffnete diese Galerie im Jahr 2003. Die Organisatoren hatten sich zum Ziel gesetzt, die neuesten Marken nach Barcelona zu bringen und innovative Projekte zu entwickeln, die eine Brücke zwischen Kunst, Mode und Musik schlagen würden. Auf diese Weise kamen einige der besten jungen Talente zusammen, unter ihnen Blami (Artdirector des baskischen Modelabels Loreak Mendian) und Boris Hoppek. Der Shop führt exklusive sowie überaus rare Stücke von Designern und Firmen wie Kim Jones, Adidas, Sessun und SealKay neben den ersten Experimenten des Künstlers Jordi Labanda auf dem Feld der Mode. Gelegentlich wird der Kunstraum Iguapop auch zur Bühne für Musikevents.

MODELIEBLING

74 Antonio Miró

11 Carrer del Consell de Cent, 349

Heute ein etablierter Name in der Modewelt, eröffnete Miró seinen ersten Laden Groc 1968, um seine nach eigenen Entwürfen gefertigte Kollektion zu verkaufen. Groc hat sein Sortiment mittlerweile auf eine breite Palette internationaler Designer umgestellt, während Miró unabhängige Boutiquen besitzt. In den frühen 1980ern führte er sein Label auf dem internationalen Markt ein; seither gründete er Miró Jeans, kreierte eine Schuhkollektion für Muxart (S. 169) und entwarf die Uniformen des spanischen Nationalteams für die Olympischen Spiele 1992 in Barcelona. Von Mirós Schreibtisch stammen auch die Pläne der Inneneinrichtung des Hotel Miró, das Anfang 2003 eröffnete. Überall auf der Welt findet man Miró-Produkte, aber in diesem Geschäft in Mirós Heimat (1995 zusammen mit der Architektin Pilar Líbano designt; vgl. Lydia Delgado, S. 167) finden Sie die komplette Damen- und Herrenkollektion. Sie dürfen figurbetonte Couture und aufregende Stoffe erwarten, denn der Modezar ist berühmt für die Aufmerksamkeit, die er Stoffstruktur und Webart widmet.

MODISCHE EXTRAVAGANZEN

38 **Lobby**

23 Carrer de la Ribera, 5

Lobby ist Barcelonas Antwort auf die megatrendigen Shops à la Colette in Paris, wenngleich in kleinerem Rahmen. Im Unterschied zu dort ärgert man sich weder über lange Schlangen noch über exorbitante Preise. Zudem ist das Personal zuvorkommend, die Atmosphäre einladend. Der Industriedesigner Toni Pallejá gestaltete zwei Etagen als schicke Verkaufsflächen für die neuesten Designprodukte, für Mode, Accessoires, Bücher, Delikatessen und Geschenkartikel für all jene, die gerne Exklusivität mit ein wenig Exzentrik verbinden.

MÄNNLICH EXKLUSIV

74 **M69**

35 Carrer de Muntaner, 69

Modebewusste Männer durchkämmen diese Boutique in der unteren Eixample (in der Nähe der Universität) nach den ultimativen Trends internationaler Designer wie Helmut Lang, Dirk Bikkembergs, Amaya Arzuaga und RA-RE. Gleichfalls im Angebot sind Bücher über Architektur, Design und Erotik sowie CDs der jüngsten Musiktrends, Flamenco eingeschlossen. Zweifelsohne ist M69 die angesagte Adresse für den stilsensiblen City-Gentleman.

SPANISCHES DESIGN

88

Camiseria Pons

16 Carrer Gran de Gràcia, 49

Seit dem Jahr 1900 bereits existiert dieses Bekleidungsgeschäft in einem zauberhaften Jugendstilgebäude am Ende des Carrer Gran de Gràcia. Nicht gerade bedeutend oder international bekannt sind die hier vertretenen Marken. Was die Regale füllt, ist eher interessant und lustig unkonventionell zu nennen. Eine geschmackvolle Auswahl von Stücken junger spanischer Modedesignfirmen wie Ailanto, Julie Sohn, Oska und Fresh from the Lab neben solchen eines nicht mehr ganz so jungen Antonio Miró (S. 162), von Lebor Gabala, Lydia Delgada (S. 167) und Pertegaz verlocken auch durch ihre Präsentation in diesem schicken, freundlichen Geschäft.

BAROCK PLUS

74

Josep Font

36 Carrer de Provença, 304

Er entwarf Outfits für Barbie, arbeitete mit dem renommierten Architekten Oscar Tusquets an einem Möbelprojekt – und ist dennoch einer der aufregendsten und interessantesten Designer für Damenmode. Er expandierte mit Geschäften in Madrid, Bilbao und jüngst im Pariser Nobelbezirk Faubourg Saint-Honoré, und dennoch fühlt sich Josep Font, der mit Auszeichnungen von Balenciaga, L'Oreal, Elle und Moët Chandon geehrt wurde, in seiner Heimatstadt Barcelona zu Hause. Hier, wo er am Internationalen Modeinstitut studierte, hat er nach wie vor seinen Hauptsitz. Seine Reputation reicht weit über Spaniens Grenzen hinaus. Gehen Sie in den Carrer de Provença, um einmal genauer seine langen, schlanken Kleider mit den gesmokten Säumen zu sehen, die auf Figur geschnittenen Hosen sowie das weitere Sortiment der körpernahen, sexy Artikel in Knallfarben. Sie werden vor Josep Fonts Laden auch Leute entdecken, die durch das neoklassizistische Portal nur einen Blick auf die hinreißende barocke und dabei minimalistische Einrichtung erhaschen wollen.

GÖTTLICHE GEWÄNDER

38 Natalie Capell

5 La Carrasa, 2

Diese kleine Werkstatt-Boutique hat ihre Räumlichkeiten erst vor Kurzem erweitert und gehört dennoch zu Barcelonas bestgehüteten Geheimnissen. Besitzerin und Designerin ist Natalie. Sobald man eintaucht in ihre Welt, meint man fortgetragen zu werden auf eine Reise durch die Zeit. Ihre sehr weiblichen Kreationen, darunter wunderschöne, von Hand gefärbte und genähte Kleider und Hochzeitsroben, fertigt sie aus opulenten Materialien, die dazu verlocken, sie zu berühren. Sie verleiht ihnen einen nostalgischen Charakter, nicht zuletzt durch den Schmuck alter Posamenten, die sie auf ihren Streifzügen über die Märkte zusammenkauft. Haben Sie erst einmal eines der hinreißend schönen Capell-Kleider anprobiert, werden Sie es kaum schaffen, es wieder zurückzuhängen.

FRECHE EXTRAVAGANZ

54 Comité

40 Carrer del Notariat, 8

Diese Boutique ist im wahrsten Sinn des Wortes Schaufenster für die Ideen junger Modetalente. Sie präsentieren sich in einer sorgsam zusammengestellten Kollektion einzigartiger Originale, die vor Ort gefertigt und verkauft werden. Shop und Atelier teilen sich Julia Pelletier, Cecilia Sörensen, Rope Alho, Lucia Blanco und Pia Kahila. Ihr einfallsreicher Stil verleiht einer bzw. einem jeden von ihnen die ganz persönliche Note innerhalb des Barceloneser Modezirkus. Nicht zuletzt wird die Individualität bis hin zu den Accessoires deutlich. Comité hat sich ein heimeliges Ladenambiente ausgesucht, sich für alte und gemütliche Möbel entschieden und betont damit die heitere Seite der Mode – und ihre Einzigartigkeit. Ferner organisiert der Shop auch kulturelle Events, und eine Ecke wurde für die Verkaufspräsentation von Büchern, Comics, Kunstarbeiten und Musik-CDs (Ideal Label) reserviert.

SALONFÄHIG FUNKY

38 Como Agua de Mayo

16 Carrer de l'Argenteria, 43

»Exakt das, was Sie brauchen« wollen die Spanier mit ihrer umgangssprachlichen Redensart »como agua de Mayo« ausdrücken. Ein netter und passender Name für ein Geschäft – Spiegel seiner Kollektionen in einem modern-schicken Stil. Die Designer sind einige der jüngsten und originellsten spanischen Modemacher. Hier muss man sich Namen wie Ailanto, Miriam Ocáriz, Mía María und La Bella Lola merken. Eine weitere Gruppe – Dorotea, Alima, Ras, Otto et Moi und Blay – liefert die aufregenden Schuhmodelle. Sollten Sie deren Kreationen noch nicht kennen, so ist es an der Zeit, diesem funky Shop in El Born einen Besuch abzustatten.

PERFEKTION DER MODE

88 Lydia Delgado

11 Carrer de Minerva, 21

Audrey Hepburn liebte ihre Mode, aber Lydia Delgado entwirft weit mehr als die auf Figur gearbeiteten femininen Kostüme. Zwischen den gesichtslosen Bauten einer engen Gasse ist ihr in Grüntönen gehaltener Laden eine Entdeckung – Pilar Líbano gestaltete hier mit effektvollen Draperien und goldgerahmten Spiegeln. Von Delgados bekannten Seidenteilen bis zu den Cordkostümen in dunklem Lila und Rot, den samtigen Langjacketts mit Rosenapplikationen und ihren Wollmänteln sind auch ihre jüngsten Kreationen Mode mit Inhalt.

ALTMODISCH WEICHE SCHUHE

26 La Manual Alpargatera

9 Carrer d'Avinyó, 7

Was haben die Hollywoodstars Catherine Zeta-Jones, Michael Douglas, Jack Nicholson und der ehemalige Präsident des Olympischen Komitees Juan Antonio Samaranch gemeinsam? Sie alle besitzen Espadrilles von La Manual Alpargatera. Kein anderes Geschäft in Barcelona führt die Originale. Die Geschichte des Ladens beginnt mit einer Werkstatt, die kurz nach dem Ende des Bürgerkriegs entstand und seither Einheimische (viele haben ihren jährlichen Termin zum Maßnehmen) wie auch Ausländer mit dem traditionellen, höchst umweltfreundlichen Schuhwerk versorgt. In durchaus ähnlicher Form gab es die leichten Treter schon vor Tausenden von Jahren. (Wer es noch nicht weiß: Espadrilles sind ideal für die Kopfsteinpflastertouren, vorausgesetzt natürlich, es regnet nicht!) Die weiße Ladenfassade wurde zu einem Wahrzeichen Barcelonas, sodass der große Laden schon lange kein Geheimtipp mehr ist. Aber lassen Sie sich nicht von den Touristenscharen abschrecken: Hier bekommen Sie die echten Espadrilles.

KUNSTHANDWERK MIT LEDER

74 **Muxart**

31 Carrer del Roselló, 230

Barcelonas Schuhdesigner Hermengildo Muxart lancierte seine eigene Marke für Damen- und Herrenschuhe im Jahr 1989. Heute kennt man ihn für seine außergewöhnlich kühnen, geradezu wilden und dabei unnachahmlich schönen Kombinationen von Farbe und Design mit Glatt- und Wildleder bei Schuhen, Stiefeln, Handtaschen und Jacken. Die Qualität des Materials und der perfekte Schnitt zeigen sich vor allem bei den sich eng um die Knöchel schmiegenden Stiefeln in sattem Rot oder Burgunderrot oder edlen hochhackigen Pumps mit einem Rautenmuster in verschiedenen Farben. Muxart bevorzugt Leder mit einem seidigen oder leicht knitterigen Look. Außerdem liebt er die Kombination von Rot und Schwarz ebenso wie kräftige Säume und auffällige Nähte. Im Lederland Spanien hat Muxart seinen eigenen, markanten Stil geprägt, der ihm weit über die Grenzen des Landes hinaus Erfolg eintrug.

ART-NOUVEAU-SCHMUCK

74 Bagués Masriera

10 Passeig de Gràcia, 41

Lluís Masriera (1872–1958) realisierte als Erster den Jugendstil im Schmuckdesign. Seine Stücke wurden weltweit berühmt, ebenso wie die Techniken, die er entwickelte. »Barcelona-Email« z.B. ist eine durchsichtige, leuchtende Glasmasse, die in kleine Kammern gegossen wird. 1939 gründete er seine Firma, die im gleichen Stil wie früher noch heute produziert: verführerische Seejungfrauen, bewegte Blütenmotive oder Insekten mit zarten Flügelchen. Das Unternehmen hat inzwischen verschiedene Sparten (1985 fusionierte es mit Bagués), aber die Masriera-Stücke faszinieren wie ehedem. Die Kollektion wird präsentiert in zwei bedeutenden Modernisme-Gebäuden, eines davon ist die großartige Casa Amatller, gebaut von Josep Puig i Cadafalch im Jahr 1900. Wundervolles Holzdekor und Mobiliar schmücken das Innere, im allgemein zugänglichen Hof wecken Buntglas- und Metalllampen im Drachenmuster, das sich durch das ganze Haus zieht, Bewunderung. Ein Ausstellungsraum im Obergeschoss erlaubt auch einen Blick in die ehemaligen Wohnräume.

ZAUBERHÜTE

26 Nina Pawlowsky

15 Carrer Nou de Sant Francesc, 17

Nina Pawlowsky begann ihre berufliche Laufbahn als Kostümbildnerin für Theater, Film und Fernsehen, und bis heute kreiert sie mit flinker Hand die Ausstattungen für Bühnenproduktionen wie *Zauberflöte, Ödipus Rex* und für die Oper *Romeo und Julia,* die im Gran Teatre del Liceu (S. 61) aufgeführt wurde. Ihr winziger Laden im Carrer Nou de Sant Francesc im Barri Gòtic gleicht einem Schatzkästchen, das überquillt von ihren fantasievollen ehemaligen Bühnenentwürfen voller theatralischer Schnörkel. Zugleich sind sie sehr modern und verraten Raffinement. Nina Pawlowsky liebt stilistische Spielereien, nimmt man nur ihren Federtuff, der etwa am Haaransatz über der Stirn zu tragen ist, den coolen roten Seidenpantoffel und die gestreifte Ofenrohr-Kreation aus Webstoff. Regelmäßig sieht man ihre Gebrauchskunst auch auf Ausstellungen in der Stadt.

ELEGANTE NEUE MODE

54 Giménez & Zuazo

21 Raval: Carrer d'Elisabets, 20; El Born: Carrer del Rec, 42

Von Spitzenkleidern und bedruckten Samt-T-Shirts bis zu figurbetonten Patchworkröcken oder -hosenanzügen und volumigen Pullovern: Marta Giménez und Jorge Zuazo kleiden Barcelona bunt und wunderschön durch ihre innovative Verwendung von Stoffen und Schnitten voller raffinierter Details. Ihre Linie ist jung, aber nicht der Teenie- oder Clubstyle, den andere Modezaren propagieren. Die beiden hatten sich auf Barcelonas Modeschule kennengelernt und ihre erste Präsentation im Saló Gaudí 1995 bestritten. Seither verbuchen sie Erfolg um Erfolg. Auch die Eröffnung des zweiten Geschäfts in El Born darf als Indiz dafür gelten.

DESIGNER-OUTLET DER AVANTGARDE

74 Hipòtesi

30 Rambla de Catalunya, 105

1997 gestaltete Pilar Vila die coole, in ihrem Arrangement sehr klare Boutique. In einer wenig aufregenden, anonymen Ecke der Eixample gelegen, präsentiert Hipòtesi Werke einiger der talentiertesten Jungstars im Design von Schmuck, Textilien, Keramik und anderen Bereichen. Der minimalistisch-kühle Beton erweist sich als idealer, ruhiger Hintergrund für qualitativ hochwertige Einzelstücke und die limitierten Auflagen spanischer und internationaler Designer. Mit diesem Laden entstand nicht nur ein überschaubares und allen zugängliches Präsentationsforum, vielmehr wird Hipòtesi heute als führende »Institution« des neuen Designs anerkannt und veranstaltet Ausstellungen von Kreativen aus aller Welt.

DESIGNER-»OUTLET«

38 On Land

9 Carrer de la Princesa, 25

Zwischen den unzähligen kleinen Shops, vollgestopft mit Krimskrams und billiger Importware, ist On Land im Carrer de la Princesa ein leuchtender Stern. Es ist »die« Institution der hypermodernen jungen Mode Barcelonas, der Angelpunkt der jungen Talente. Zusammen mit einem weiteren Laden in der Eixample führt On Land die neuesten und aufregendsten Designerkollektionen der Stadt für Frauen und Männer. Nur hier findet man etwa die Mode des jungen Josep Abril, der mit seiner Streetwear die Moderedaktionen aufschreckte. Vertreten sind in dem frisch und farbenfroh wirkenden Laden außerdem Anaya, Giménez & Zuazo (S. 171), Montse Ibañez, Strickwaren von Hergenhahn und die hauseigene Marke.

WIR SOLLTEN SIE ALLE HABEN

74 Bad Habits

8 Carrer de València, 261

Die Schaufenster gewähren nur einen reizvollen Blick durch eine niedrige Passage und zeigen gemeinhin Objekte von der Art eines Fetischladens. Tatsächlich handelt es sich hier um die Boutique von Mireya Ruiz, einer der gefeiertsten Designerinnen Barcelonas. Sie begann ihr Business mit dem Verkauf von Secondhandkleidung (vieles davon fand sie auf Märkten in Amsterdam und London) auf der Plaça del Sol. Bald jedoch begann sie die Stücke nach ihrem eigenen Stil zu verändern. Heute entwirft sie ihre eigene Kollektion, die ihr großen Applaus aus den Reihen der Modekritiker einträgt. Zudem gewann sie das Vertrauen anderer spanischer Designer, sodass sie inzwischen auch deren Mode in ihrem ultramodernen Geschäft verkauft. Mireya Ruiz' Kollektion demonstriert ihr leidenschaftliches Experimentieren mit Strukturen und Formen, von der freakigen Streetwear bis zu knapp sitzenden sexy Teilen, in einer Mischung natürlicher und synthetischer neuer Textilien.

VERZÜCKUNG DER ÖNOPHILEN

38 Vila Viniteca

19 Carrer dels Agullers, 7

Suchen Sie ein Paradies für Weinkenner? Hier finden Sie es: 3000 verschiedene Weine und höherprozentige Spirituosen, inklusive einiger fantastischer Trouvaillen aus Katalonien, die nie in den Export gehen. In der Vila Viniteca treffen sich die Städter (und die Sommeliers einiger Spitzenrestaurants) auf der Suche nach einer besonderen Flasche. Das Personal ist extrem kenntnisreich und hilfsbereit, der eine oder andere kann auch auf Englisch Qualitäten und Provenienzen erklären. Besondere Beachtung verdienen in dieser Fülle der betörenden Tropfen die Weine aus der winzigen, doch aufstrebenden katalanischen Region Priorat, die erstklassige Rote produziert. Versuchen Sie zum Einstieg z. B. eine Flasche Les Terrasses.

KLOSTERWARE

14 Caelum

5 Carrer de la Palla, 8

Caelum ist einzigartig – allein schon seine Fassade an der v-förmigen Ecke von Carrer de la Palla und Banys Nous und die Nachbarschaft der Antiquitätenhändler. Der Laden verkauft Produkte aus spanischen Klöstern, wenngleich er auch etwas Kosmetik aus Santa Maria Novella in Mailand führt (Produkte von dort sind in einem eigenen Laden im Carrer de l'Espaseria, 4–8, erhältlich). Rund 38 Klostergemeinschaften des Landes stellen selbst Tees, Kuchen, Plätzchen, Bonbons, Pralinen, herzhafte Cracker und Marmeladen her, daneben Kerzen und Seifen mit Engelsbildern. Alles ist sehr geschmackvoll eingepackt und eignet sich als ausgefallenes Geschenk – falls man sich wieder davon trennen will. Im kleinen Café serviert man Gebackenes und Tees. Der wahre Genuss aber erwartet die Kunden im Untergeschoss, wo zwischen den nackten Steinmauern einer Krypta des 14. Jhs. (die man bereits von oben durch ein Gitter im Boden entdeckt) weitere Tische gedeckt sind und ab 16 Uhr serviert wird – so ziemlich alles, was auch im Laden zum Verkauf steht.

GERÖSTETE GENÜSSE

38 E & A Gispert

10 Carrer dels Sombrerers, 23

Von Anfang bis Ende, von der hübschen Ladenfront mit dem Holzdekor und dem in Holz geschnitzten Firmenlogo über die Holzfässer, gefüllt mit aromatischen Nüssen und Kaffee, bis hin zu den Regalen voller schmuck verpackter Köstlichkeiten – E & A Gispert ist Entzücken für alle Sinne. 1851 wurde der kleine Familienbetrieb von Josep Gispert gegründet und nach den beiden Söhnen Enric und Alfons benannt. 150 Jahre später arbeitet man weiterhin nach der Tradition des Gründers: Aus dem eigenen Röst- und Dörrofen kommen Trockenfrüchte, Nüsse sowie Kaffee. Angeblich ist der alte Ofen der einzige noch in Gebrauch befindliche Holzofen römischer Art in ganz Europa. Das Sortiment ist mittlerweile um viele Produkte aus Spanien und Europa erweitert. Schokolade, Honig, Olivenöl, konserviertes Obst und Gemüse sowie Süßigkeiten wie der bekannte *turrón de Alicante* lassen einem das Wasser im Mund zusammenlaufen. Ausgezeichnet mit dem Coq d'Or von Les Gourmands Associés aus Frankreich, ist E & A Gispert der Inbegriff süßer Barceloneser Leckereien.

FANTASIEN IN SCHOKOLADE

14 Xocoa

3 Carrer d'En Bot, 4

Im Carrer de Petritxol befinden sich das Café (in dem man Desserts wie z. B. Feigenravioli serviert) und die kleinere Version der Schokoladen-Boutique. Aber Xocoas neuester und größter Laden (von insgesamt drei) verbirgt sich im winzigen Carrer d'En Bot. Mehr als zwei Dutzend Variationen von Schokoladetafeln und gefüllten Pralinen werden hier nach Hausrezepten gefertigt. Bei Schokolade reicht das Angebot von der bekannten Tafel *arroz inflado* (mit Puffreis) und edlem Zartbittergeschmack bis zu exotischeren Aromen von Pistazie, grünem Tee und Thymian. Die Gelüste der absoluten Schokofreaks stillen Tafeln mit 52 Prozent Kakaogehalt (bereits mehr als in der gewohnten Bitterschokolade) bis hin zu jenen mit 73 und 90 Prozent. Schokolade weiß und milchig oder ohne Zucker, Pralinen in schimmernden Schachteln, Kleingebäck mit Trockenfrüchten und Nüssen, Schokoladen-CDs oder süße Schlüssel … schwelgen Sie in einem hellen minimalistischen Ambiente, mit dem die schräge Retroverpackung perfekt harmoniert. Schokolade satt!

EXOTISCHE PRALINEN

74 Cacao Sampaka

5 Carrer del Consell de Cent, 292

Auf Ihren Spaziergängen durch Barcelona werden Sie rasch feststellen, dass die Katalanen eine unverhohlene Liebe zu Schokolade in jeglicher Form hegen. Sei es die *chocolate suizo* mit der matterhornmächtigen Sahnehaube (Granja Dulcinea, S. 144) oder das Schokoladendessert mit scharfen Gewürzen – Schokolade ist mehr als eine Schleckerei, sie ist gastronomischer Standard, ein essenzielles Lebensmittel. Weit mehr als nur der Besuch in einer Schokoladenhandlung bedeutet ein Einkauf bei Cacao Sampaka eine Reise durch die Geschichte und die Kultur der Schokolade rund um den Globus. Sollte dies zu abstrakt sein für die anspruchslos schmausende Allgemeinheit, so sei auf eine sehr populäre neue Aktion des Geschäfts zu Frühlingsbeginn verwiesen: Am 21. März bringt man ein 400 Kilogramm schweres Schokoei ins Freie und lädt die Bevölkerung ein, dabei mitzuhelfen, das süße Monster in mundgerechte Stücke zu zerhacken. Dies ist nur der Auftakt zu den Enthüllungen im Innern: Pralinen mit Aromen, von denen Sie sich nie hätten träumen lassen, sie zu genießen: die gesamte Palette der Kulturfrüchte und Nüsse wie Mandeln, Sesam, Pinienkerne und Orangen; dann die Gewürzkollektion mit Vanille, Zimt, Curry und Safran oder das Sortiment »Blüten und Kräuter« mit Veilchen, Rosen, Lavendel oder Jasmin als Aroma fein schmelzender Schokoladestückchen. Ferner produziert man getrüffelte und likörgefüllte Pralinen, Gebäck und Schokoladetafeln von Weiß bis Rabenschwarz. Dem wunderschön schlichten, fast spartanischen Interieur des Ladens mit dem dunklen, schokoladebraunen Holz liegt ein Entwurf von Antoni Arola zugrunde. Im hinteren Bereich können Sie in einem Café verlockende Variationen heißer Schokolade und Gebäck in Gourmetqualität probieren.

Raus aus der Stadt

Wer sucht schon Erholung von Barcelona? Sehen Sie die Ausflüge eher als Gelegenheit, Katalonien zu erleben: seine Bergwelt, die Wälder, Weinlandschaften und Strände. Im Nordwesten eine dramatische Kulisse majestätischer Gipfel, ringsum fruchtbare Ebenen und selbst ausgestattet mit einer attraktiven Küste, ist Barcelona gute Basis für abwechslungsreiche Touren, ob richtige Bergwanderung oder lässige Strandtage, ob Kneipentouren, Weinverkostungen oder wahrhaft kulinarische Offenbarungen in einigen der exquisitesten Restaurants des Landes und vielleicht der Welt. Kein Ziel ist weiter als zwei Autostunden von der Stadt entfernt, sodass es schade wäre, das eine oder andere reizvolle Domizil nicht kennenzulernen. Wünschen wir uns nicht manchmal, Welten entfernt zu sein?

El Racó de
Can Fabes

IM GIPFELSTURM

Montseny: Bergspitzen und Spitzenköche

- Montseny-Bergwanderweg
- Hotel Sant Marçal
- El Racó de Can Fabes

10 km nordwestlich von Barcelona wird die Landschaft bergig und dicht bewaldet. Daher ist der Montseny-Nationalpark perfektes Areal, um in den Gebirgsausläufern zu wandern. Erfahrene Trekker könnten die Besteigung des Tagamanent (1055 m) oder Turó de l'Home (1712 m) erwägen. Aber vor spannenden Unternehmungen in der Natur oder Ausflügen zu den bekannten Heilquellen werden Sie sicher gerne eine behagliche Unterkunft beziehen. Das Hotel Sant Marçal hat keinen rustikalen Charakter – und ist doch in Klostergebäuden des 11. Jhs. untergebracht, die mit ihrem Charme nach einer Wanderung wohltuend entspannen. Wer sich im Pool erholt, wird gleichermaßen das spektakuläre Bergpanorama genießen. Stimmen Sie sich ein auf ein lukullisches Mahl in einem der besten Restaurants Spaniens, das nur wenige Schritte entfernt liegt. Santi Santamaria ist der Küchenchef des El Racó de Can Fabes. Er kochte schon in diesem uralten Steinhaus, bevor er in die Riege der internationalen Spitzenköche katapultiert wurde. Gelingt es Ihnen, rechtzeitig (!!) zu reservieren, verwöhnt man Sie mit einem Drei-Sterne-Michelin-Menü des grandiosen Santamaria, der ein Autodidakt ist und die kulinarische Hegemonie der Franzosen untergräbt. Wie? Mit handverlesenen Zutaten aus der Gegend, mit denen er katalanische Spitzencuisine zelebriert.

SPANISCH SURREAL

Figueres und Umgebung: Die Erfahrung des Surrealen

- Dalí-Haus und -Museum
- Restaurant El Bulli
- Hotel Mas Falgarona

Verbinden Sie die Reise nach Figueres, in die Heimat von Salvador Dalí, mit Gourmetgenüssen in dem Küstenstädtchen Roses, wo El Bulli als eines der weltbesten und innovativsten Restaurants gilt. Chef Ferran Adrià wurde zu einer Legende der Kochkunst, und sein Restaurant (geöffnet nur von April bis September) ist bereits Monate im Voraus ausgebucht. Geboren in Barcelona, erkochte sich Adrià Ruhm mit Kreationen wie Orangenkaviar, Eigelb-Tempura, schaumiger Gemüse-Mousse und Desserts, die süß und sauer verschmelzen. Innerhalb von 20 Jahren, und dies darf mit Fug und Recht behauptet werden, hat er die Haute Cuisine neu erfunden. Besuchen Sie vor dem Dinner auf jeden Fall das Teatre-Museu Dalí. Neben den Traumlandschaften, die zu einem Markenzeichen des großen Surrealisten wurden, stammen auch die Beleuchtung und sogar die Musikuntermalung von ihm. Dalí lebte lange in dem Haus mit den Eiern auf dem Dach, während seine Frau und Muse Gala etwa 40 km südlich der Stadt im mittelalterlichen Castell Gala in Púbol »residierte«. Sein zweiter Wohnsitz, das Küstenstädtchen Cadaqués, lohnt mit seinen gewundenen Kopfsteinpflastergassen und dem Strand ebenso einen Besuch wie das kleine Haus selbst (Beschränkung der Besucherzahl pro Tag).

Runden Sie die Reise ab mit einem Aufenthalt im Mas Falgarona, einem Bauernhaus (wie *mas* zu übersetzen ist), das 1098 bereits urkundlich erwähnt wird. Es liegt 3 km von Figueres entfernt und ist heute ein Hotel mit 11 Zimmern. Severino Jallas Gándara und Brigitta Schmidt haben zusammen 45 Jahre Erfahrung im Hotelbusiness und arbeiteten in einem Spitzenhotel in der Schweiz, ehe sie 1999 das Anwesen kauften und den alten Steinen wieder rustikale Eleganz verliehen, auch mit farbenprächtigen Azulejos in den Bädern. Um den Pool werfen Palmen und Büsche zarte Schatten. Brigitta Schmidt verwendet in ihrer Küche »nur die besten Erzeugnisse aus den Bergen und dem Meer«, sodass die Karte ständig wechselt, denn alles ist immer frisch.

Cardona: Mittelalterliche Romantik

• Parador de Cardona

Katalonien ist dicht besetzt mit Festungsanlagen und Klöstern, unter denen Montserrat, das Heiligtum der »Schwarzen Madonna«, zu den meistbesuchten zählt. Der in seinem Kern mittelalterliche Komplex ist so faszinierend wie die ihn umgebende Bergwelt. Ein von den Massen weniger überranntes und romantischeres Ziel ist die nur 50 km weiter (in Richtung Andorra) gelegene Salzbergbaustadt Cardona (gesamt 85 km ab Barcelona). Hier haben Sie die einmalige Gelegenheit, nicht nur die Festung und Kapelle aus dem 11. Jh. zu besuchen, sondern dort auch zu übernachten. Schon über Kilometer aus der Ferne sichtbar, thront die Burg auf einer strategisch günstigen Kuppe über dem Tal, bewehrt mit einer Kette massiver Wachtürme und hohen Mauern. Die bis auf das 9. Jh. datierten Bauten verwandelte man in einen edlen und luxuriösen Parador, wo Sie, fern von den Massen, in ein historisches Ambiente eintauchen. Von der Burg reicht der Blick über die ausgedehnten geschützten Wälder und Städtchen, die am Fluss Cardoner aufgereiht liegen. Im Innern überraschen in bezauberndem tiefem Karmesinrot gehaltene Steinwände. Mittelalterlich anmutendes Mobiliar wie Holzstühle mit weichen Samtpolstern nimmt den gotischen Steinbögen die Strenge. In einigen Räumen findet man sogar Pfostenbetten, um die sich zarte Vorhänge drapieren. Daneben aber wird man keinen der gewohnten technischen Standards vermissen. Die Gebäude selbst gleichen einem architektonischen Wunderwerk. Errichtet mit der markanten Solidität der katalanischen Gotik und einem breiten Graben, verströmt Cardona den Geist des stolzen Widerstands. Der älteste Teil, der Minyona-Turm, stammt sogar noch aus dem 2. Jh., und zusammen mit der 1000-jährigen Kapelle verkörpert er die lange Kulturtradition des Landes. Im Städtchen zu Füßen der Burg kann man den alten Salzberg, La Montaña de Sal Gema, sowie die Salzgewinnungsanlagen aus römischer Zeit besichtigen. Für eine kleine Erfrischung sind die Cafés geradezu ideal, das Hotel aber bietet in seinem Restaurant feine katalanische Cuisine in einem außergewöhnlich harmonisch-niveauvollen Ambiente.

Sitges und Alt Penedès: Strandrefugium des Modernisme und flüchtige feine Perlchen

- Strände von Sitges
- Cava-Kellerei Cordoníu
- Hotel El Xalet

Nur 35 km südlich von Barcelona liegt Sitges. Einst eine Kolonie von Künstlern, die sich um den Maler Santiago Rusiñol scharten, wie auch Lieblingsziel von Salvador Dalí und Federico García Lorca, hat sich der Ort zu einer Domäne der Strandbegeisterten entwickelt. Das ehemalige Fischerdorf wimmelt von Bars und Cafés, besitzt aber noch sehr idyllische alte Ortsteile, überhaupt zeigt es mehr Charakter und Raffinement als seine nur auf Beachlife fixierten Nachbarn. Daher fühlen sich junge Familien so wohl wie Reisende aus aller Welt, die Homosexuellenszene und wohlhabende Badeurlauber. Hauptanziehungspunkt sind die breiten Strände, die allerdings während der Sommermonate richtig voll sind. Stillere Plätze findet man dann außerhalb des Ortes.

Eine Fahrt in Richtung Westen führt ins Alt Penedès, wo die Reben für den berühmten spanischen Sekt, den *cava*, gedeihen. Vilafranca del Penedès und Sant Sadurní sind die Zentren der Weinproduktion. In Ersterem lohnt sich ein Besuch des Museu del Vi sowie bei Bodegues Torres, während im zweiten Städtchen Can Cordoníu lockt. Im Mittelpunkt der bekannten Produktionsstätte steht ein Modernisme-Bau nach Plänen von Josep Puig i Cadafalch (1906). Die kurze Besichtigung beschließt mit Stil ein Glas Cuvée Raventos oder eine der anderen vorzüglichen Cava-Sorten.

Nach einem Tag Sonne oder dem kleinen Weinseminar werden Sie die Nacht im Hotel El Xalet in Sitges genießen. Die weiße Stuckfassade mit ihren schmucken Ornamenten, die bemalten Zimmerdecken, schmiedeeiserner Zierrat und Buntglasfenster verraten die Einflüsse des Modernisme. Entworfen zu Beginn des 20. Jhs. von Gaietà Columbus i Sans, dem Architekten der hoch aufragenden Kolumbus-Säule in Barcelonas Hafen, bewahrt das Hotel in seinen elf Zimmern eine Reihe dezenter Details aus der Bauzeit. Von der Besitzerfamilie ebenso gepflegt werden Garten, Pool und das Restaurant.

Adressen-verzeichnis

Die Landesvowahl für Spanien ist +34. Rufen Sie aus dem Ausland an, wählen Sie (+34) und anschließend die bei den Adressen genannte Rufnummer.

Die Seitenzahl nach dem Eintrag bezieht sich auf die Beschreibung im Text.

Abac 128
Carrer del Rec, 79–89
08003 Barcelona
T 93 319 66 00
F 93 319 45 19
W www.restaurantabac.com

Again(st) 33
Carrer del Notariat, 9
08001 Barcelona
T/F 93 301 54 52
E info@againstbcn.com
W www.againstbcn.com

Altaïr 76
Gran Via de les Corts Catalanes, 616
08007 Barcelona
T 93 342 71 71
F 93 342 71 78
E altair@altair.es
W www.altair.es

Anamorfosis 22
Baixada de Santa Eulalia, 4
08002 Barcelona
T 93 301 29 43

Antigüedades 22
Carrer dels Banys Nous, 17A
08002 Barcelona

Antonio Miró 162
Carrer del Consell de Cent, 349
08007 Barcelona
T 93 487 06 70
F 93 467 71 11
W www.antoniomiro.es

Antonio Pernas 78
Carrer del Consell de Cent, 314–316
08007 Barcelona
T 93 487 16 67

L'Arca de l'Àvia 22
Carrer dels Banys Nous, 20
08002 Barcelona
T/F 93 302 15 98

Atalanta Manufactura 42
Passeig del Born, 10
08003 Barcelona
T 93 268 37 02

Bad Habits 172
Carrer de València, 261
08007 Barcelona
T 93 487 22 59

Bagués Masriera 170
Passeig de Gràcia, 41
08007 Barcelona
T 93 216 01 74
F 93 487 70 01
E info@masriera.com
W www.masriera.com

La Balsa 98
Carrer Infanta Isabel, 4
08022 Barcelona
T 93 211 50 48
F 93 418 46 06

Bar Bodega Teo 156
Carrer d'Ataulf, 18
08002 Barcelona
T 93 315 11 59

Bar Jardí Portaferrissa 22
Carrer de Portaferrissa, 17
08002 Barcelona

Bar del Pi 21
Plaça de Sant Josep Oriol, 1
08002 Barcelona
T 93 302 21 23
W www.bardelpi.com

Bestial 137
Carrer Ramón Trías Fargas, 2–4
08005 Barcelona
T 93 224 04 07
F 93 224 06 49
W www.bestialdeltragaluz.com

Bestiari 48
Carrer del Comerç, 25
08003 Barcelona
T 93 268 30 80

Biblioteca 58
Carrer de Junta de Comerç, 28
08001 Barcelona
T 93 412 62 21

Bodega La Palma 33
Carrer de Palma de Sant Just, 7
08002 Barcelona
T 93 315 06 56

La Bodegueta del Xampú 76
Gran Via de les Corts Catalanes, 702
08010 Barcelona
T 93 265 04 83

Borneo 148
Carrer del Rec, 49
08003 Barcelona
T 93 268 23 89

Botafumeiro 92
Carrer Gran de Gràcia, 81
08012 Barcelona
T 93 218 42 30/93 217 96 42

Ca l'Isidre 141
Carrer de les Flors, 12
08001 Barcelona
T 93 441 11 39
F 93 442 52 71

Cacao Sampaka 175
Carrer del Consell de Cent, 292
08007 Barcelona
T 93 272 08 33
F 93 487 26 23
E info@cacaosampaka.com
W www.cacaosampaka.com

Caelum 173
Carrer de la Palla, 8
08002 Barcelona
T 93 302 69 93

Café del Sol 92
Plaça del Sol, 16
08012 Barcelona
T 93 415 56 63

Café Royale 150
Carrer Nou de Zurbano, 3
08002 Barcelona
T 93 412 14 33

Café Salambo 91
Carrer de Torrijos, 51
08012 Barcelona
T 93 218 69 66

Camiseria Pons 164
Carrer Gran de Gràcia, 49
08006 Barcelona
T 93 217 72 92

Can Solé 51
Carrer de Sant Carles, 4
08003 Barcelona
T 93 221 50 12

Can Travi Nou 132
Carrer Jorge Manrique
08035 Barcelona
T 93 428 03 01
F 93 428 19 17
W www.barcelonarestaurant.com

Capella de la Merced 95
Carrer de Laforja, 17
08006 Barcelona

Carmelitas 62
Carrer del Doctor Dou, 1
08001 Barcelona
T 93 412 46 84
W www.carmelitas.biz

Casa Almirall 65
Carrer de Joaquín Costa, 33
08001 Barcelona
T 93 318 99 17
E casalmirall@telefonica.net

Casa Batlló 78
Passeig de Gràcia, 43
08007 Barcelona
T 93 488 06 66
W www.casabatllo.es

Casa Calvet 85
Carrer de Casp, 48
08010 Barcelona
T 93 412 40 12
F 93 412 43 36
E rbmesa@softly.es
W www.casacalvet.es

Casa Camper 122
Carrer d'Elisabets, 11
08001 Barcelona
T 93 342 62 80
F 93 342 75 63
E barcelona@casacamper.com
W www.casacamper.com

Casa Leopoldo 126
Carrer Sant Rafael, 24
08001 Barcelona
T 93 441 30 14
W www.casaleopoldo.com

Casa Milà 85
Passeig de Gràcia, 92
08008 Barcelona
T 93 484 59 00
W www.lapedreraeducacio.org

Casa Oliveras 35
Carrer de Dagueria, 11
08002 Barcelona
T 93 315 19 05

Casa Vicens 92
Carrer de les Carolines, 24
08012 Barcelona

Casals Pagès 76
Carrer de Roger de Llúria, 7
08010 Barcelona
T 93 343 79 00
F 93 342 47 42
E info@casalspages.com
W www.casalspages.com

Castell de Montjuïc & Museu Militar 71
Carretera Montjuïc, 62–68
Parc de Montjuïc
08038 Barcelona
T 93 329 86 13
F 93 329 86 13

Cata 1.81 152
Carrer de València, 181
08011 Barcelona
T 93 323 68 18
E cata181@hotmail.com

Catedral de Barcelona 16
Plaça de la Seu, 3
08002 Barcelona
T 93 315 15 54
F 93 310 10 46
W www.catedralbcn.org

CD Drome 69
Carrer de Valldonzella, 3
08001 Barcelona
T 93 317 46 46
F 93 317 47 11
E info@cddrome.com
W www.cddrome.com

La Central 160
Carrer d'Elisabets, 6
08001 Barcelona
T 93 317 02 93
F 93 318 99 79
E informacio@lacentral.com
W www.lacentral.com

Cereria Subirà 20
Baixada de la Llibreteria, 7
08002 Barcelona
T 93 315 26 26

Cinc Sentits 140
Carrer d'Aribau, 58
08011 Barcelona
T 93 323 94 90
F 93 323 94 91
E info@cincsentits.com
W www.cincsentits.com

Club 13 28
Plaça Reial, 13
08002 Barcelona
T 93 317 23 52
W www.club13bcn.com

La Cocotte 47
Passeig del Born, 16
08003 Barcelona
T 93 319 17 34

Col.legi d'Arquitectes de Catalunya 16
Plaça Nova, 5
08002 Barcelona
T 93 481 35 60
F 93 481 35 61
W www.coac.net

Comerç 24 133
Carrer del Comerç, 24
08003 Barcelona
T 93 319 21 02
W www.comerc24.com

Comité 166
Carrer del Notariat, 8
08001 Barcelona
T 93 317 68 83
W www.comitebarcelona.com

Como Agua de Mayo 167
Carrer de l'Argentería, 43
08003 Barcelona

La Concha 58
Carrer Guardia, 14
08001 Barcelona

DAF 64
Plaça dels Àngels, 5–6
08001 Barcelona
T 93 329 00 21
W www.daf-restaurant.net

De Lis 94
Carrer del Comte de Salvatierra, 10 bis
08006 Barcelona
T 93 416 10 95
E delis@menta.net

Dot Club 151
Carrer Nou de Sant Francesc, 7
08002 Barcelona
T 93 302 70 26
W www.dotlightclub.com

Dr Astin 34
Carrer Abaixadors, 9
08003 Barcelona
T 93 310 10 58
E dr.astin@minimalipstick.com

Drassanes 57
im Museu Maritim
Avinguda de les Drassanes
08001 Barcelona
T 93 317 52 56
W http://museumaritim barcelona.org; vgl. »Services«

E & A Gispert 174
Carrer dels Sombrerers, 23
08003 Barcelona
T 93 319 75 35
F 93 319 71 71
E casagispert@casagispert.com
W www.casagispert.com

Edison's 67
Carrer de la Riera Baixa, 9–10
08001 Barcelona
T 93 441 96 74
F 93 329 23 15
W www.discos-edisons.com

Erretè 67
Carrer de la Riera Baixa, 10
08001 Barcelona
T 93 929 62 00

ÉS 134
Carrer del Doctor Dou, 14
08001 Barcelona
T 93 301 00 68
E info@restaurant-es.com
W www.restaurant-es.com

Escribà 145
Rambla de les Flors, 83
08002 Barcelona
T/F 93 301 60 27
W www.escriba.es

Església Santa Maria del Mar 40
Plaça de Santa Maria, 1/
Passeig del Born
08003 Barcelona
T 93 310 23 90

Església Santa Maria del Pi 22
Plaça del Pi/Plaça de Sant Josep Oriol
08002 Barcelona

Espai Barroc 44
Palau Dalmases
Carrer de Montcada, 20
08003 Barcelona
T 93 310 06 73

Espai Sucre (Escola Restaurant des Postres) 135
Carrer de la Princesa, 53
08003 Barcelona
T 93 268 16 30
F 93 268 15 23
E espaisucre@teleline.es
W www.espaisucre.com

Espai Vidre 64
Fundació Centre del Vidre de Barcelona
Carrer dels Àngels, 8
08001 Barcelona
T/F 93 318 98 33
E vidrebcn@fcv-bcn.org
W www.fcv-bcn.org

Estudi Tèxtil del Born 42
Carrer de Brosolí, 1, local 4
08003 Barcelona
T 93 319 84 51
E etb@bluedeep.net

Fernández 130
Passeig de Gràcia, 116
08008 Barcelona
T 93 238 48 46
E fernandez@fernandezbcn.com
W www.fernandezbcn.com

Fonfone 155
Carrer dels Escudellers, 24
08002 Barcelona
T 93 317 14 24
W www.fonfone.com

FoodBall 68
Carrer d'Elisabets, 9
08001 Barcelona
T 93 270 13 63
W www.casacamper.com

Forum 51
Avinguda Diagonal
Barcelona
W www.barcelona2004.org/eng/escenarios/virtual

Freud B'Art 134
Baixada de Sant Miquel, 4
08002 Barcelona
T/F 93 318 66 29
E info@freudbart.com
W www.freudbart.com

Fundació Antoni Tàpies 79
Carrer d'Aragó, 255
08007 Barcelona
T 93 487 03 15
F 93 487 00 09
W www.fundaciotapies.org

Fundació Joan Miró 71
Avinguda de Miramar
Parc de Montjuïc
08038 Barcelona
T 93 443 94 70
F 93 329 86 09
E fjmiro@bcn.fjmiro.es
W www.bcn.fjmiro.es

Futura 31
Carrer dels Escudellers, 56
08002 Barcelona
T 93 317 49 75

Gaig 98
Passeig de Maragall, 402
08031 Barcelona
T 93 429 10 17
F 93 429 70 02
E gaig@horta-bcn.com

Galería Estrany de la Mota 82
Passatge de Mercader, 18
08008 Barcelona
T 93 215 70 51
F 93 487 35 52
E galeria@estranydelamota.com
W www.estranydelamota.com

Galeria Joan Prats 76
Rambla de Catalunya, 54
08007 Barcelona
T 93 216 02 84
F 93 487 1614
E galeria@galeriajoanprats.com
W www.galeriajoanprats.com

Galeria Maeght 44
Carrer de Montcada, 25
08003 Barcelona
T 93 310 42 45
F 93 310 6 09
W www.maeght.com/galeries/index.html

Galeria Metrònom 47
Carrer de la Fusina, 9
08003 Barcelona
T 93 268 42 98
F 93 268 42 14
E info@metronom-bcn.org
W www.metronom-bcn.org

Gemma Povo 22
Carrer dels Banys Nous, 5–7
08002 Barcelona
T 93 301 34 76
F 93 318 01 44
E gemmapovo@gemmapovo.com
W www.gemmapovo.com

Giardinetto 95
Carrer de la Granada del Penedès, 22
08006 Barcelona
T 93 218 75 36

Giménez & Zuazo 171
Carrer d'Elisabets, 20
08001 Barcelona
T 93 412 33 81
Carrer del Rec, 42
08003 Barcelona

Gimlet 148
Carrer del Rec, 24
08003 Barcelona
T 93 310 10 27

Ginger 154
Carrer de Palma de Sant Just, 1
08002 Barcelona
T 93 310 53 09

Gotham 33
Carrer de Cervantes, 7
08002 Barcelona
T/F 93 412 46 47
W www.gotham-bcn.com

Gran Hotel la Florida 120
Carretera de Vallvidrera al Tibidabo, 83–89
08035 Barcelona
T 93 259 30 00
F 93 259 30 01
E info@hotellaflorida.com
W www.hotellaflorida.com

Gran Teatre del Liceu 61
La Rambla, 51–59
08002 Barcelona
T 93 485 99 00
F 93 485 99 18
E informacio@liceubarcelona.com
W www.liceubarcelona.com

Granja Dulcinea 144
Carrer de Petritxol, 2
08002 Barcelona
T 93 302 68 24

Granja M. Viader 61
Carrer d'En Xuclà, 4–6
08001 Barcelona
T 93 318 34 86

Grus Watch 16
El Triangle, Carrer de Pelai, 39
08001 Barcelona
T 93 302 41 88
W www.gruswatch.com

Halagos 81
Carrer de València, 189
08011 Barcelona
T 93 452 55 28
F 93 452 55 29
E foie@halagos2001.com
W www.halagos2001.com

Harlem Jazz Club 31
Carrer de la Comtessa de Sobradiel, 8
08002 Barcelona
T 93 310 07 55

Herboristeria del Rei 28
Carrer del Vidre, 1
08002 Barcelona
T 93 318 05 12
W www.herboristeriadelrei.com

Hipòtesi 171
Rambla de Catalunya, 105
08008 Barcelona
T 93 215 02 98/93 487 06 83

Hisop 140
Passatge Marimón, 9
08021 Barcelona
T 93 241 32 33
E hisopmail@yahoo.com
W www.hisop.com

Hofmann 131
Carrer de l'Argenteria, 74–78
08003 Barcelona
T 93 319 58 89
F 93 319 58 82
E informacion@hofmann-bcn.com
W www.hofmann-bcn.com

Hostal Gat Raval 112
Carrer de Joaquín Costa, 44
2. Etage
08001 Barcelona
T 93 481 66 70
F 93 342 66 97
E hostalgatraval@gataccommodation.com
W www.gataccommodation.com

Hotel Axel 114
Carrer d'Aribau, 33
08011 Barcelona
T 93 323 93 93
F 93 323 93 94
E info@hotelaxel.com
W www.hotelaxel.com

Hotel Banys Orientals 110
Carrer de l'Argenteria, 37
08003 Barcelona
T 93 268 84 60
F 93 268 84 61
W www.hotelbanysorientals.com

Hotel España 146
Carrer de Sant Pau, 9–11
08001 Barcelona
T 93 318 17 58
F 93 317 11 34
E hotelespanya@hotelespanya.com
W www.hotelespanya.com

Hotel Mesón Castilla 108
Carrer de Valldonzella, 5
08001 Barcelona
T 93 318 21 82
F 93 412 40 20
E hmesoncastilla@teleline.es
W www.mesoncastilla.com

Hotel Neri 118
Carrer de Sant Sever, 5
08002 Barcelona
T 93 304 06 55
F 93 304 03 37
E info@hotelneri.com
W www.hotelneri.com

Hotel Omm 106
Carrer del Rosselló, 265
08008 Barcelona
T 93 445 40 00
F 93 445 40 04
E reservas@hotelomm.es
W www.hotelomm.es

Iguapop Gallery & Shop 161
Carrer del Comerç, 15
08003 Barcelona
T 93 319 68 13
W www.iguapop.net

Jamboree 28
Plaça Reial, 17
08002 Barcelona
T 93 319 17 89
F 93 315 02 21
E jamboree@masimas.com
W www.masimas.com

Jardí Botànic 71
Carrer Doctor Font i Quer
Parc de Montjuïc
08038 Barcelona
T 93 426 49 35
F 93 424 50 53
W www.jardibotanic.bcn.es

Jean Luc Figueras 91
Carrer de Santa Theresa, 10
08012 Barcelona
T 93 415 28 77

Joaquín Berao 80
Carrer del Roselló, 227
08008 Barcelona
T 93 218 61 87
W www.joaquinberao.com

Josep Font 165
Carrer de Provença, 304
08008 Barcelona
T 93 487 21 19
E josepfont@cambraben.es
W www.josepfont.com

Konrad Muhr 41
Carrer dels Sombrerers, 25
08003 Barcelona
T 93 268 31 73
E info@konradmuhr.com
W www.konradmuhr.com

Kowasa Gallery 82
Carrer de Mallorca, 235
08008 Barcelona
T 93 215 80 58
F 93 215 80 54
E info@kowasa.com
W www.kowasa.com

Laie Llibreria Cafè 76
Carrer de Pau Claris, 85
08010 Barcelona
Llibreria:
T 93 318 17 39
Cafè:
T 93 302 73 10
F 93 412 02 50
E info@laie.es
W www.laie.es

Lailo 67
Carrer de la Riera Baixa, 20
08001 Barcelona
T 93 441 37 49

Limbo 135
Carrer de la Mercè, 13
08002 Barcelona
T 93 310 76 99

Lliure de Gràcia 92
Carrer del Montseny, 47
08012 Barcelona
T 93 228 97 47
F 93 424 34 53

Lobby 163
Carrer de la Ribera, 5
08003 Barcelona
T 93 319 38 55
F 93 268 22 43
E lobby@lobby-bcn.com
W www.lobby-bcn.com

L'Olive 79
Carrer de Balmes, 47
08007 Barcelona
T 93 452 1990
F 93 451 24 18

Luka Home Made 35
Carrer de la Comtessa
de Sobradiel, 10
08001 Barcelona
T 93 660 610 979

Lupino 61
Carrer del Carme, 33
08001 Barcelona
T 93 412 36 97

Lydia Delgado 167
Carrer de Minerva, 21
08006 Barcelona
T 93 218 16 30
F 93 218 22 25
W www.lydiadelgado.es

M69 163
Carrer de Muntaner, 69
08011 Barcelona
T 93 453 62 69
W www.m69barcelona.com

La Macarena 30
Carrer Nou de Sant Francesc, 8
08002 Barcelona
T 93 302 45 93
E info@macarenaclub.com

La Manual Alpargatera 168
Carrer d'Avinyó, 7
08002 Barcelona
T 93 301 01 72
F 93 301 18 29
E manualp@seker.es
W www.lamanualal
pargatera.com

Marsella 58
Carrer de Sant Pau, 65
08001 Barcelona
T 93 442 72 63

La Marthe 22
Carrer de Sant Sever, 1
08002 Barcelona
T 93 318 81 77

Mau Mau 67
Carrer Fontrodona, 33
08004 Barcelona
T 93 441 80 15
E info@
maumaunderground.com
W www.
maumaunderground.com

Mercat Santa Caterina 20
Avinguda de Francesc Cambó
08003 Barcelona
W www.santacaterina.net

Mercat de la Boqueria Sant Josep 61
La Rambla, 85–89
08002 Barcelona
W www.boqueria.info

Mercat de Sant Antoni 69
Carrer de Comte d'Urgell, 1
08011 Barcelona

Merry Ant 154
Carrer del Peu de la Creu, 23
08001 Barcelona

Mesopotamia 91
Carrer de Verdi, 65
08012 Barcelona
T 93 237 15 63

La Miramelindo 47
Passeig del Born, 15
08003 Barcelona

La Miranda del Museu 147
Museu d'Història de Catalunya
4. Stock
Plaça de Pau Vila, 1
08039 Barcelona
T 93 225 47 00

Monestir de Pedralbes 101
Baixada del Monestir, 9
Barcelona

Monestir i Església de Santa Anna 16
Carrer de Santa Anna, 27–29
08002 Barcelona

Montcada Taller 42
Placeta de Montcada, 10 bis
08003 Barcelona
T 93 319 15 81
E espaiart@montcadataller.com
W www.montcadataller.com

Montiel 48
Carrer dels Flassaders, 18
08003 Barcelona
T 93 268 37 29

Moo + Moo Vida 136
Hotel Omm
Carrer del Rosselló, 265
08008 Barcelona
T 93 445 40 00
F 93 445 40 04
E reservas@hotelomm.es
W www.hotelomm.es

Museu d'Art Contemporani de Barcelona (MACBA) 65
Plaça dels Àngels, 1
08001 Barcelona
T 93 412 08 10
F 93 412 46 02
W www.macba.es

Museu Frederic Marès 21
Plaça de Sant Lu, 5–6
08002 Barcelona
T 93 310 58 00
F 93 319 41 16
E museumares@mail.bcn.es

Museu d'Historia de la Ciutat 19
Plaça del Rei, 1, Carrer Veguer
08002 Barcelona
T 93 315 11 11
F 93 315 09 57
E museuhistoria@mail.bcn.es
W www.museuhistoria.bcn.es

Museu Marítim 56
Avinguda de les Drassanes
08001 Barcelona
T 93 342 99 20
F 93 318 78 76
W www.museumaritim
barcelona.com

Museu Nacional d'Art de Catalunya (MNAC) 71
Mirador Palau Nacional, 6–10
Parc de Montjuïc
08004 Barcelona
T 93 622 03 75
F 93 622 03 74
E mnac@mnac.es
W www.mnac.es

Museu Picasso 44
Carrer de Montcada, 15–23
08003 Barcelona
T 93 319 63 10
F 93 315 01 02
E museupicasso@mail.bcn.es
W www.museupicasso.bcn.es

Museu Tèxtil i d'Indumentària 44
Carrer de Montcada, 12–14
08003 Barcelona
T 93 310 45 16/93 319 76 03
F 93 310 66 46
E museutextil@mail.bcn.es
W www.museutextil.bcn.es

Museu de la Xocolota 47
Plaça de Pons i Clerch
08003 Barcelona
T 93 268 78 78
F 93 268 78 79
E museu@pastisseria.com
W www.museuxocolata.com

Muxart 169
Carrer del Roselló, 230
08008 Barcelona
T 93 488 10 64

Natalie Capell 166
La Carassa, 2
08003 Barcelona
T 93 319 92 19
E natalie@nataliecapell.com
W www.nataliecapell.com

Nina Pawlowsky 170
Carrer Nou de Sant Francesc, 17
08002 Barcelona
T 93 412 52 67

Noti 82
Carrer de Roger de Llúria, 35–37
08009 Barcelona
T 93 342 66 73
E noti@noti-universal.com
W www.noti-universal.com

Octubre 94
Carrer de Julián Romea, 18
08006 Barcelona
T 93 218 25 18

On Land 172
Carrer de la Princesa, 25
08003 Barcelona
T 93 310 02 11
Carrer de València, 273
08009 Barcelona
T 93 215 56 25
E info@on-land.com
W www.on-land.com

Orígens 99.9 % 48
Carrer de la Vidrieria, 6–8
08003 Barcelona
T/F 93 310 75 31
E 99.9origens@terra.es

Ot 138
Carrer Torres, 25
08012 Barcelona
T 93 284 77 52
E otrestaurant@hotmail.com

Oven 51
Carrer de Ramon Turró, 126
08005 Barcelona
T 93 221 06 02
E reservas@oven.ws
W www.oven.ws

Ovic 131
Carrer d'Aribau, 106
08036 Barcelona
T 93 451 06 91

Palau Güell 57
Carrer Nou de la Rambla, 3–5
08001 Barcelona
T 93 317 39 74

Palau de la Música Catalana 19
Carrer de Sant Francesc de Paula, 2
08003 Barcelona
T 93 295 72 00
F 93 295 72 10
W www.palaumusica.org

Palau Robert 85
Centre d'Informació de Catalunya
Passeig de Gràcia, 107
08003 Barcelona
T 93 238 40 00
F 93 238 40 10
W www.gencat.net/probert

La Paloma 67
Carrer del Tigre, 27
08001 Barcelona
T 93 301 68 97
F 93 317 72 225
E lapaloma@lapaloma-bcn.com
W www.lapaloma-bcn.com

Papers Coma 44
Carrer de Montcada, 20
08003 Barcelona
T 93 319 76 01
W www.paperscoma.com

La Paradeta 47
Carrer de Comercial, 7
08009 Barcelona
T 93 268 19 39
E info@laparadeta.com
W www.laparadeta.com

Parc Güell 101
Carrer d'Olot
08024 Barcelona

Park Hotel 116
Avinguda Marquès de l'Argentera, 11
08003 Barcelona
T 93 319 60 00
F 93 319 45 19
E parkhotel@parkhotelbarcelona.com
W www.parkhotelbarcelona.com

Passadís del Pep 126
Pla del Palau, 2
08003 Barcelona
T 93 310 10 21
F 93 319 60 56
E restaurant@passadis.com
W www.passadis.com

Pavelló Barcelona/ Pavelló Mies van der Rohe 71
Avinguda del Marquès de Comillas
08038 Barcelona
T 93 423 40 16
F 93 426 37 72
E pavello@miesbcn.com
W www.miesbcn.com

La Pedrera bei Nacht 153
Passeig de Gràcia, 92/
Ecke Provença
08008 Barcelona
T 93 484 59 00, 90 240 09 73
W www.lapedreraeducacio.org

Pilé 43 33
Carrer N'Aglà, 4
08002 Barcelona
T 93 310 31 73

Pinotxo 61
La Boqueria, 66
La Rambla, 91
08002 Barcelona
T 93 317 17 31

Pipa Club 28
Plaça Reial, 3
08002 Barcelona
T 93 302 47 32
E bpipaclub@hotmail.com
W www.bpipaclub.com

Pitín Bar 148
Passeig del Born, 34
08003 Barcelona
T/F 93 319 50 87
E pitinbar@mx2.redestb.es

Plastic Bar 148
Passeig del Born, 19
08003 Barcelona

Principal (El Principal del Tragaluz) 129
Carrer de Provença, 286–288
08008 Barcelona
T 93 272 08 45
F 93 272 08 47
E elprincipal@grupotragaluz.com
W www.elprincipal.es

Pura Vida 97
Plaça Rius i Taulet, 11
08012Barcelona
T 93 238 67 22

Els Quatre Gats 16
Carrer de Montsío, 3 bis
08002 Barcelona
T 93 302 41 40
F 93 317 40 33
W www.4gats.com

Quimet i Quimet 56
Carrer del Poeta Cabanyes, 25
08004 Barcelona
T 93 442 31 42

El Racó d'en Freixa 141
Carrer de Sant Elíes, 22
08006 Barcelona
T 93 209 75 59
F 93 209 79 18
E info@elracodenfreixa.com
W www.elracodenfreixa.com

Rafa Teja Atelier 42
Carrer de Santa Maria, 18
08003 Barcelona
T 93 310 27 85
F 93 289 28 05

Raimon Ollé 97
Carrer de Santaló, 39–41
08021 Barcelona
T 93 200 45 80

El Rancho Grande 133
Avinguda Diagonal, 73
08019 Barcelona
T 93 307 07 05

Ras 62
Carrer del Doctor Dou, 10
08001 Barcelona
T 93 412 71 99
E ras@oike.com
W www.actar.es/ras.html

La Reina del Raval 58
Rambla del Raval, 5
08001 Barcelona
T 93 443 36 55
E info@lareinaderaval.com

Restaurant Set (7) Portes 51
Passeig d'Isabel II, 14
08003 Barcelona
T 93 319 30 33/93 319 29 50
F 93 319 30 46
E admon@setportes.com
W www.7portes.com

Restaurant Plaça dels Àngels 67
Carrer de Ferlandina, 23
08001 Barcelona
T 93 329 40 47

Romesco 139
Carrer de Sant Pau, 28
08001 Barcelona
T 93 318 93 81

Roser i Francesc 80
Carrer de València, 285
08009 Barcelona
T 93 459 14 53

Sal Café 51
Passeig Marítim de la Barcelone-ta
08003 Barcelona
T 93 224 07 07

Sala Exposicions La Capella 58
Antic Hospital Santa Creu
Carrer de l'Hospital, 56
08001 Barcelona
T 93 442 71 71

Salero 47
Carrer del Rec, 60
08003 Barcelona
T 93 319 80 22

Salterio 22
Carrer Sant Domènec del Call, 4
08002 Barcelona
T 93 302 5028

Semon 97
Carrer de Ganduxer, 31
08021 Barcelona
T 93 201 55 07

Semon 9 97
Carrer de Santa Fe de Nou Mèxic, 25
08021 Barcelona
T 93 201 55 07

Semproniana 81
Carrer del Rosselló, 148
08036 Barcelona
T 93 453 18 20

Silenus 67
Carrer dels Àngels, 8
08001 Barcelona
T/F 93 302 26 80
E cob@arrakis.es

Sita Murt 30
Carrer d'Avinyó, 18
08002 Barcelona
T 93 301 00 06

Slokai 33
Carrer del Palau, 5
08002 Barcelona
T 93 317 90 94

So_da 30
Carrer d'Avinyó, 24
08002 Barcelona
T 93 412 27 76

Spiritual Café 57
beim Museum Marítim
Avinguda de les Drassanes
08001 Barcelona

Taller de Tapas 40
Carrer de l'Argenteria, 51
08003 Barcelona
T 93 268 85 59
Plaça de Sant Josep Oriol, 9
08002 Barcelona
T 93 301 80 20
W www.tallerdetapas.com

Taverna El Glop 91
Carrer de Sant Lluís, 24
08012 Barcelona
T 93 213 70 58
W www.tavernaelglop.com

Taxidermista 28
Plaça Reial, 8
08002 Barcelona
T 93 412 45 36

Teatre Nacional de Catalunya 76
Plaça de les Arts, 1
08013 Barcelona
T 93 306 57 20
W www.tnc.es

Tetería Jazmín 92
Carrer de Maspons, 11
08012 Barcelona
T 93 218 71 84

Tèxtil Café 42
Museu Tèxtil i Indumentària
Carrer de Montcada, 12
08003 Barcelona
T 93 268 25 98
W www.textilcafe.com

Torre d'Alta Mar 139
Passeig Joan de Borbó, 88
08039 Barcelona
T 93 221 00 07
W www.torredealtamar.com

Tortillería Flash-Flash 97
Carrer de la Granada del Penedès, 25
08006 Barcelona
T 93 237 09 90

Tragaluz & Tragarapid 82
Passatge de la Concepció, 5
08008 Barcelona
T 93 487 06 21/93 487 01 96
E reserves@grupotragaluz.com
W www.grupotragaluz.com/tragaluz

Tresserra Collection 98
Carrer de Josep Bertrand, 17
08021 Barcelona
T 93 200 49 22
F 93 200 47 34
E collection@tresserra.com
W www.tresserra.com

Va de Vi 41
Carrer de Banys Vells, 16
08003 Barcelona
T 93 319 29 00

Valentina 34
Plaça del Regomir, 2
08002 Barcelona
T 93 310 79 21

El Vaso de Oro 157
Carrer de Balboa, 6
08003 Barcelona
T 93 319 30 98

La Venta 127
Plaça del Doctor Andreu
08035 Barcelona
T 93 212 64 55

Vila Viniteca 173
Carrer dels Agullers, 7
08003 Barcelona
T 93 268 32 27
F 93 268 31 59
E info@vilaviniteca.es
W www.vilaviniteca.es

Vinçon 85
Passeig de Gràcia, 96
(Eingänge auch Carrer de Provença, 273, und Pau Claris, 175–179)
08008 Barcelona
T 93 215 60 50
F 93 215 50 37
E bcn@vincon.com
W www.vincon.com

La Vinya del Senyor 147
Plaça de Santa Maria, 5
08003 Barcelona
T 93 310 33 79

wah wah 67
Carrer de la Riera Baixa, 14
08001 Barcelona
T 93 442 37 03
F 93 442 23 25
E wah-wah@mx3.redestb.es

Walden 8 98
Avinguda de la Indústria, 12
Sant Just Desvern
08960 Barcelona
T 93 499 03 42
W www.elmirador.org

El Xampanyet 42
Carrer de Montcada, 22
08003 Barcelona
T 93 319 70 03

Xiringuita Escribà 51
Litoral Mar, 42
Platja del Bogatell
08005 Barcelona
T 93 221 07 29

Xocoa 174
Carrer d'En Bot, 4
08002 Barcelona
T 93 318 89 91
F 93 846 15 48
Carrer de Petritxol, 11–13
08002 Barcelona
T 93 301 11 97
E info@xocoa-bcn.com
W www.xocoa-bcn.com

Xurreria Trebol 91
Carrer de Còrsega, 341
08037 Barcelona
T 93 217 95 94

Zero 67
Carrer de la Riera Baixa, 12
08001 Barcelona
T 93 441 01 94
W www.zerobcn.com

[Z]INK 30
Carrer d'Avinyó, 14
08002 Barcelona
T 93 342 62 88

Zsu Zsa 30
Carrer d'Avinyó, 50
08002 Barcelona
T 93 412 49 65

MONTSENY 178

Um mit dem Auto in die Serra de Montseny zu gelangen, nehmen Sie die Autobahn (autopista) A7 bis Sant Celoni, Ausfahrt 11. Dann sind es noch 30 km bis zum Hotel in Sant Marçal.
Den Parc Natural de Montseny selbst erreichen Sie auf einer Straße zum Turó de l'Home, die wiederum von der Straße nach Sant Celoni abzweigt. Alternativ bietet sich die BV 301 nach Figueró, wo an der Bahnstation eine Bergstraße in Richtung des Tagamanent beginnt.
Im Hotel erklärt man Ihnen gerne den Weg zum Restaurant El Racó de Can Fabes. Es sind nur wenige Autominuten bis Sant Celoni, wo es hinter dem Rathaus liegt.

Sant Marçal Hotel Monestir
Landstraße von Sant Celoni nach Sant Marçal
Km 28 Montseny
08460 Viladrau
T/F 93 847 30 43
E reservas@hotelsantmarcal.com
W www.hotelsantmarcal.com
Doppelzimmer ab € 120

El Racó de Can Fabes
Sant Joan, 6
08470 Sant Celoni
T 93 867 28 51
F 93 867 38 61
W www.racocanfabes.com

FIGUERES UND UMGEBUNG 180

Vorbei an dem interessanten, in seinem Kern mittelalterlichen Girona führt die Autobahn A 7/E 15 nach Figueres. Das Teatre-Museu Dalí liegt im Zentrum der Stadt und ist ausgeschildert.
Um Dalís weitere Wirkungsstätten am Meer zu besuchen oder im El Bulli zu schlemmen, nehmen Sie die C 260, die von der Autobahn A 7 abzweigt. Noch bevor man nach Roses (El Bulli) hineinfährt, führt links eine Nebenstraße nach Cadaqués und von dort weiter nach Portlligat zum kleinen Haus-Museum. Man erkennt es an den Skulpturen zweier gebrochener Köpfe auf der Mauer.
Um zum Castell Gala in Púbol zu gelangen, verlässt man die Autobahn an der Ausfahrt Girona-Nord und biegt auf die C 66 ab. Das Dorf Púbol liegt an dieser Straße.
Das Hotel Mas Falgarona erreicht man von der Autobahn A 7/E 15 über die N 260 in Richtung Avinyonet. Fahren Sie durch das Städtchen und zweigen Sie danach auf eine kleine Straße nach links ab.

Teatre-Museu Dalí
Plaça Gala-Salvador Dalí, 5
17600 Figueres
T 972 677 500
E t-mgrups@dali-estate.org
W www.salvador-dali.org/eng.fmuseus.htm

Salvador-Dalí-Haus
Portlligat
17489 Cadaqués
T 972 677 500
W www.salvador-dali.org/eng.fmuseus.htm
Eine vorherige Anmeldung für die Führungen im Haus ist unerlässlich. Sie kann per Telefon oder E-Mail erfolgen. Am Tag des Besuches muss die Eintrittskarte eine halbe Stunde vor der Führung abgeholt werden.
Geöffnet vom 15. März bis 6. Januar, 10.30–18 Uhr; 15. Juni bis 15. September bis 21 Uhr. Führungen etwa alle 10 Minuten.

Casa-Museu Castell Gala Dalí
Plaça Gala, s/n, Púbol
17120 La Pera
T 972 488 655
W www.salvador-dali.org/eng.fmuseus.htm
Geöffnet vom 15. März bis 1. November (während der übrigen Zeit des Jahres Gruppenbesuche nach vorheriger Anmeldung).

Hotel Mas Falgarona
Avinyonet de Puigventós
17742 Girona
T 972 546 628
F 972 547 071
E email@masfalgarona.com
W www.masfalgarona.com
Doppelzimmer ab € 155

El Bulli
Cala Montjoi
Ap. 3D
17480 Roses
Girona
T 972 150 457
F 972 150 717
E bulli@elbulli.com
W www.elbulli.com
Von April bis Juni ab 20 Uhr geöffnet, Sonntag/Montag geschlossen. Von Juli bis September täglich ab 20 Uhr geöffnet. Oktober bis März geschlossen.

CARDONA 182

85 km beträgt die Strecke von Barcelona aus. Der Parador liegt auf einem Hügel mit Blick auf die Stadt. Am besten fährt man mit dem Auto die E 9/C 16 nach Manresa, wechselt auf die Autobahn A 18 oder bleibt auf der Landstraße C 55 in Richtung Solsona.

Parador de Cardona
08261 Cardona
T 93 869 12 75
F 93 869 16 36
E cardona@parador.es
W www.parador.es
Doppelzimmer ab € 120

SITGES UND ALT PENEDÈS 184

Man verlässt Barcelona mit dem Auto auf der Schnellstraße C 32 und folgt der Beschilderung nach Sitges, das 35 km entfernt ist. Der Badeort ist außerdem schnell und preisgünstig mit oft verkehrenden Vorortzügen in etwa 40 Min. vom Bahnhof Sants aus zu erreichen.
Nach Vilafranca del Penedès und Sant Sadurní d'Anoia nimmt man von Barcelona aus die Autobahn A 7 nach Süden und wechselt auf die C 15. Ab Sitges fährt man über die C 32 zur A 7 oder über kleinere Straßen ins Weingebiet.
Das Besucherzentrum der Bodegues Torres liegt außerhalb von Vilafranca, nahe Pacs del Penedès, an der BP 2121 in Richtung Sant Martí Sarroca.

Hotel El Xalet
Illa de Cuba, 35
08870 Sitges
T 93 811 00 70
F 93 894 55 79
W www.elxalet.com
Doppelzimmer ab € 70

Museu de Vi
Plaça Jaume I, 1
08720 Vilafranca del Penedès
T 93 890 05 82
F 93 817 00 36

Bodegues Torres, M. Torres S. A.
Finca El Maset s/n
08739 Pacs del Penedès
T 93 817 74 87
W www.torres.es

Caves Codorníu
Avinguda Jaume Codorníu s/n
08770 Sant Sadurní d'Anoia
T 93 818 32 32
W www.codorniu.es